TU FUTURO LO ELIGES TÚ

Papel certificado por el Forest Stewardship Council®

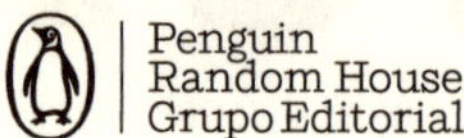

Primera edición: mayo de 2024

Printed in Spain – Impreso en España

ISBN: 978-84-19688-48-4
Depósito legal: B-5.969-2024

Compuesto por Candela Insua
Impreso en Black Print CPI Ibérica, S. L.
Sant Andreu de la Barca (Barcelona)

AL 8 8 4 8 4

TU FUTURO LO ELIGES TÚ

ADRIANA CARVAJAL
(@adri.zip)

UNA GUÍA PARA IDENTIFICAR TUS TALENTOS Y DISEÑAR TU CARRERA PROFESIONAL

ALFAGUARA

A los inconformistas

Dime, ¿qué piensas hacer
con tu única, salvaje y preciosa vida?

Mary Oliver
Extracto del poema *The Summer Day*

ÍNDICE

TU
FUTURO
LO
ELIGES
TÚ

INTRODUCCIÓN

EL PRIVILEGIO DEL LIENZO EN BLANCO

En mis años trabajando en Google conocí magos que pasaron de los escenarios a los escritorios de oficina, chefs que cambiaron su delantal por un gorrito de *noogler*[1] y compañeras que dejaron la universidad a medias para perseguir su pasión o que decidieron crear su propia carrera.

Un día, cuando llevaba ya meses creando contenido de forma consistente (a la vez que trabajaba en Google a tiempo completo), se me ocurrió que sería interesante grabar un vídeo recopilando casos como esos. Cámara en mano, decidí pasearme por la oficina preguntando a mis compañeros qué habían estudiado antes de entrar en Google.

Cuando lo edité y le di a publicar, lo último que me esperaba era que el vídeo se viralizase de tal manera que acabara llegando a más de cinco millones de personas en todo el mundo. Seguí creando otros vídeos similares y el interés no

1. «Noogler» es un término utilizado en Google para referirse a los nuevos empleados que se unen a la empresa. Al entrar, es parte de la cultura de Google darles un característico gorro de bienvenida.

paraba: el segundo obtuvo ocho millones de visualizaciones; el tercero, cinco; el cuarto otras diez y así. Entre todo el interés, el ruido y los comentarios, me quedaron claras dos cosas. La primera: **mucha gente todavía no está acostumbrada a carreras no lineales o que se salen de la norma**. La segunda: ojalá hubiese sabido yo esto cuando estaba a punto de acabar el bachillerato.

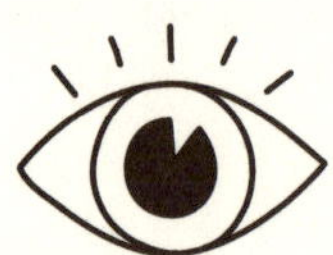

Al pensar en aquella Adri que estaba acabando bachillerato, las decisiones que creía tener delante de mí parecían binarias; por un lado, aprobar la selectividad y, por el otro, elegir entre carreras universitarias. Y, además, escogiese lo que escogiese, sentía que esa elección iba a determinar el resto de mi futuro profesional. Mala cosa pensar que con diecisiete o dieciocho años nos jugamos el resto de nuestra vida en una convocatoria de examen, pero nos lo pintan un poco así. Nadie te da un manual a los dieciocho con todos los *cheat codes* de tus próximos años. Y para cuando descubres cómo va la cosa y «te pasas el juego», probablemente ya hayas cobrado tu primer salario. Un poco tarde.

Al final, hacer llegar la información adecuada a la gente adecuada, en el momento adecuado, es todo un reto. De hecho, comencé a crear contenido en redes porque creo firmemente que las oportunidades de calidad deberían ser accesibles a cualquier persona, en cualquier lugar. Veía que podía aportar mi grano de arena ayudando a otros jóvenes adultos a acelerar su carrera y hacerles sentir que conseguir trabajos en grandes empresas tecnológicas como Google, Meta, Microsoft o Amazon no está para nada fuera de su alcance. Y esta sensación de que nada es imposible te la quiero transmitir hoy a ti. Tener un lienzo en blanco por delante es un privilegio y, si te lo montas bien, podrás pintarlo como te dé la gana y ser un artista de tu propia vida.

Así que, **como nadie me dio un manual para saber lo que he aprendido en estos años, decidí escribirlo**. De hecho, hace unos días tuve una conversación con Ígor, un señor que me preguntó por mi trabajo y al que le acabé contando la esencia de este libro. Me dijo: «Adri, incluye esto: yo escogí mi carrera tirando una moneda al aire. Cara: elegía Ingeniería Eléctrica. Cruz: me iba a Económicas».

Ay, Ígor, menos mal que solo estabas entre dos opciones, que, si no, lo mismo hubieses necesitado un dado.

El libro que tienes en tus manos es la guía que me hubiese gustado leer (y tal vez a Ígor también) cuando estaba pasando por lo que estás pasando tú ahora. En estas páginas te contaré todos los trucos de todas las opciones que tienes por delante para que sepas en qué te estás metiendo sin tener que echarlo a suertes.

Lo he dividido en cuatro partes:

1. Conviértete en experto en ti mismo. Al final, el autoconocimiento es la base de todo. Si a todo el mundo le sirviese el mismo consejo y todos fuéramos felices recorriendo el mismo camino, tanto yo como muchos otros profesionales no tendríamos trabajo (o sería un curro mucho más soso y aburrido). Así que esta primera parte será de introspección y reflexión personal para que una vez que descubras tus fortalezas seas libre de escoger qué camino quieres recorrer y apuestes por aquello que creas que más va contigo.

2. Explora tus opciones. El objetivo de esta sección será que te familiarices con todas las opciones que tienes a corto plazo, más allá de las que te hayan llegado por defecto. Iremos viendo en detalle tanto las opciones tradicionales como algunas más alternativas. La idea es que tengas la información que necesites para que puedas escoger mejor, entender en qué fregado te estás metiendo y saber qué esperar a medio plazo.

3. Desmitifica el mercado laboral. Y, como la vida no se acaba cuando dejamos de estudiar (que no de formarnos, porque todos seguimos aprendiendo, incluso al salir de las aulas), vamos a hacer una pequeña incursión en el mercado laboral para que cuando nos llegue se nos haga un poco menos bola. Aprenderás a venderte en procesos de selección, cómo hacer tu primer CV y optimizar tu perfil de LinkedIn para conseguir tus primeras prácticas o tu primer trabajo.

4. Elige lo que te haga sentir vivo. El éxito o la autorrealización no viene en talla única. Si nos lo montamos bien, tendremos la oportunidad de diseñar nuestra vida llenándola de aquello que más nos hace sentir vivos. Para aterrizar todo lo que hemos visto en el libro en un plano mucho más práctico y real, compartiré contigo historias de personas (algunas muy conocidas, otras anónimas) que dieron con sus fortalezas, tomaron las riendas de su vida y eligieron vivirla a su manera.

Dejo ya de hacerte *spoilers* de lo que está por llegar para lanzarnos directamente a la primera parte.

¡Comenzamos!

CAPÍTULO 1
· Magia y superpoderes
· Ikigai
· El río de la vida
· Un día perfecto
· Test de fortalezas

CONVIÉRTETE EN EXPERTO EN TI MISMO:

descubre qué se te da bien y qué quieres

1. MAGIA Y SUPERPODERES

Aprender a potenciar nuestros superpoderes (aquello que se nos da naturalmente bien) en lugar de intentar ser menos malos en lo que se nos da regular es un enfoque que me encanta. Primero, porque es más divertido. Segundo, porque es más importante.

Desde siempre me han fascinado las historias de fantasía y ciencia ficción. De pequeña las vivía como una vía de escape del mundo real, el cual veía soso y aburrido: no existen dragones, no hay druidas con pociones y ¿dónde están esas posadas medievales donde descansan los juglares?

También añoraba un mundo con magia, lleno de superhéroes. Y no me escondo: era de las que fantaseaba sobre qué superpoder elegir si pudiese escoger (la única respuesta correcta es, evidentemente, la teletransportación) y cómo sería un mundo en el que todas las personas tuvieran una habilidad supernatural.

Pues bien, tengo una buena y una mala noticia para ti. La mala es que todavía no he visto a nadie salir volando por su cuenta. La buena: los superpoderes sí existen, y todos tenemos el nuestro. Y de eso trata exactamente este capítulo: encontrar cuál es nuestra magia para, una vez que sepamos cuál es, poder diferenciarnos y escoger un camino en el que estemos jugando con nuestros dones.

Desde luego, no hay una vía única hacia el éxito, pero, cuanto más conozco a «gente exitosa» (te lo pongo entre comillas porque el éxito es algo tremendamente subjetivo), más veo que lo que tienen en común no es la carrera que estudiaron o el campo en el que se especializaron (y menos mal porque qué aburrida sería la vida si todo fuese tan blanco o negro). Lo que comparten es que todas ellas encontraron sus puntos fuertes, los potenciaron al máximo y comenzaron a diferenciarse a través de sus fortalezas.

Tardé varios años en pillar e interiorizar esta forma de entender el mundo. Por darte un poco de contexto, yo solía ser de las estudiantes que iban sacando buenas notas y por la que mis padres nunca se tuvieron que preocupar mucho..., excepto por las Mates. Mi talón de Aquiles y eterno punto de mejora. Curiosamente, me encantaban las asignaturas de ciencias; eran solo las Mates las que me traían por el camino de la amargura.

¿A qué se debía esto? Creo que me pasó algo que nos suele ocurrir a muchos: la lías en un par de exámenes en algún curso temprano, te ponen (o te pones tú solito) la etiqueta de que eso se te da mal y te lo crees tan fuertemente que pasa a ser una creencia limitante. Y a partir de ahí ya estás jodido porque el cerebro es un órgano muy competente, peeero no distingue lo real de lo imaginario. Sorprendentemente, activa circuitos neuronales similares cuando usamos la imaginación y cuando experimentamos la realidad. Esto significa que las emociones, las respuestas fisiológicas y las reacciones mentales pueden ser muy similares en ambos casos.

Entonces, en el caso de las Mates, mi cerebro las procesaba como una amenaza, por lo que se estresaba cada vez que tenía que enfrentarme a la asignatura. Así, mi desempeño empeoraba y mi creencia limitante se reforzaba, dando lugar a un ciclo sin fin.

Al final, acabé aprobando las Mates sin pena ni gloria. Ahora pienso qué hubiera pasado si, en vez de echarle tantísimas horas a las Mates para pasar de mediocre a aceptable, se las hubiese echado a una habilidad que se me daba naturalmente bien. ¿Y si, en lugar de obsesionarme con planos en el espacio, rangos de matrices, límites, Gauss-Jordan y demás, hubiese invertido todas esas horas en desarrollar mis habilidades de emprendimiento, comunicativas o creativas?

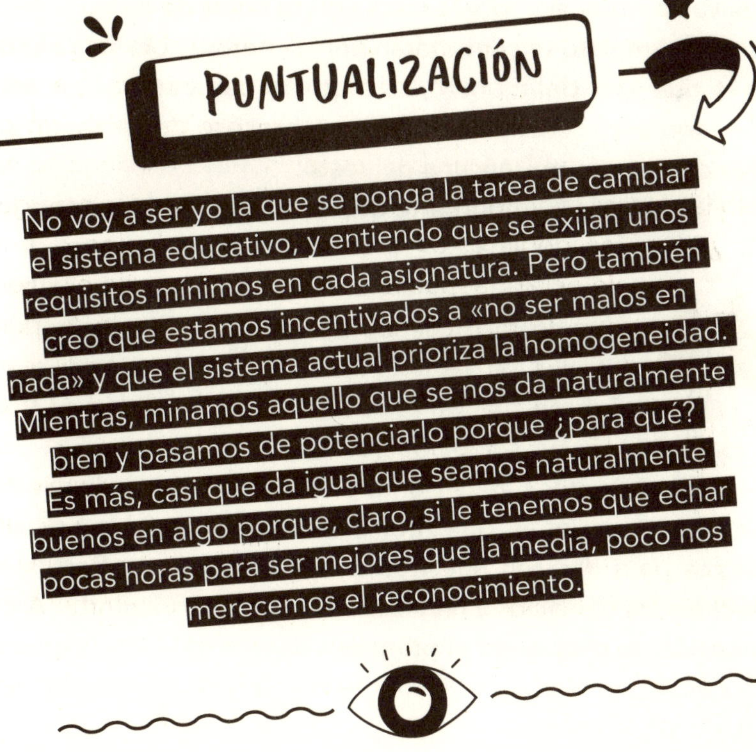

No voy a ser yo la que se ponga la tarea de cambiar el sistema educativo, y entiendo que se exijan unos requisitos mínimos en cada asignatura. Pero también creo que estamos incentivados a «no ser malos en nada» y que el sistema actual prioriza la homogeneidad. Mientras, minamos aquello que se nos da naturalmente bien y pasamos de potenciarlo porque ¿para qué? Es más, casi que da igual que seamos naturalmente buenos en algo porque, claro, si le tenemos que echar pocas horas para ser mejores que la media, poco nos merecemos el reconocimiento.

Te cuento mi anécdota con las Matemáticas porque estoy segura de que te habrá pasado algo parecido a ti también. No te conozco en persona, pero ¡qué raro es que alguien destaque en todo! Ni como persona, ni como estudiante, ni como profesional. Pero te traigo buenas noticias: cuanto mayor te hagas y más te metas de lleno en el mundo laboral, menos van a tenerse en cuenta las áreas en las que no destacas tanto. En cambio, van a ganar muchísima relevancia las aptitudes que te hacen un crac. Por ejemplo, a Messi le pagan por ser un futbolista excepcional, no por ser un comunicador regular. Y nadie se ha preguntado nunca si debería Taylor Swift mejorar sus habilidades de programación porque lo que la hace una estrella no es su destreza picando código. Y me apuesto lo que sea a que no vas a tu peluquero de confianza por ser un jardinero pasable, sino que vas porque siempre la clava con tu corte de pelo.

A ti tampoco te contratarán por la interminable lista de todo en lo que eres del montón, sino que te pagarán porque en algún momento serás el mejor de ese proceso de selección y en algo destacarás por encima del resto.

Por eso es tan importante dedicarle el mismo tiempo a descubrir cuáles son esas joyas que traemos de serie que a pulirlas. El mercado laboral se juega en modo fácil cuando sabes diferenciar tu perfil de todos los demás. Fliparás con la de puertas que se abren cuando asumes la responsabilidad de trabajar tus superpoderes.

Vale, Adri, todo muy bonito, pero ni yo soy Taylor Swift ni me interesa serlo, así que ¿por dónde comienzo? No hay varita mágica para dar con nuestros dones, lo confieso. Pero sí hay muchísimos ejercicios y recursos que pueden orientarte. A continuación, te propongo el primero.

2. *IKIGAI*

Uno de los países que visité durante mi año sabático, del que te hablaré más adelante, fue Japón. Durante mi estancia allí, me topé con un término que me llamó muchísimo la atención: el *ikigai*. No tiene traducción literal, pero se puede definir como «la razón de ser» de alguien. Y, mira, he tenido muchas cosas claras en la vida (que el otoño es la mejor estación, que algún día adoptaré un perro, que el *bubble tea* es la bebida superior y que la música de los 2000 debería sonar mucho más), pero ¿saber mi razón de ser? Me quedaba un poco grande. Así que, como recién graduada que no sabía muy bien qué hacer con su vida, estudié el concepto del *ikigai* como quien da con la fórmula secreta de la Coca-Cola.

Más pragmáticamente, **el *ikigai* sería la intersección entre lo que amas hacer, lo que se te da bien, lo que el mundo necesita y por lo que te pueden pagar**. Es un concepto, en apariencia sencillo, pero que en la práctica requiere mucha introspección.

Antes de lanzarnos a por este ejercicio, me gustaría matizar esto de «la razón de ser» o «el propósito» de alguien. Estoy segura de que habrá muchos gurús que predicarán sobre propósitos existenciales. Por suerte, no me ha tocado ser un gurú en esta vida, por lo que no tengo la presión de intentar convencerte de que tienes un propósito cósmico que cumplir durante tu tiempo en la Tierra. Lo único que tengo claro (y creo que estaremos de acuerdo en mayor o menor medida) es que todos estamos en este planeta durante un tiempo limitado. Durante nuestro paso haremos cosas; algunas de ellas importantes, otras menos. Las importantes nos harán sentir que estamos en el camino en el que se supone que deberíamos estar. Y las no importantes..., bueno, nos harán pasar el tiempo.

También creo que intentar encontrar nuestra misión en este mundo es, de alguna forma, una pérdida de tiempo. Durante la vida vas a probar diferentes cosas. Algunas se te darán naturalmente bien y en otras vas a meter la pata tan estrepitosamente que te preguntarás quién te habrá mandado intentarlo.

Y, si tienes suerte, algún día encontrarás algo que se te da naturalmente bien, que amarás hacer y que encima ayudará a los demás. Y, si, para colmo, te pagan por ello, habrás ganado un bingo al que ni siquiera sabías que estabas jugando. Por ahí van los tiros del *ikigai*.

Pero, como yo lo veo, encontrar tu *ikigai* es desbloquear no solo tu superpoder, sino encontrar la forma de usarlo. Tranqui, no tienes que dar con él como por arte de magia, sino que vamos a trabajárnoslo. Yo te acompaño. Para cada sección de la búsqueda de tu *ikigai* te iré proponiendo diferentes preguntas sobre las que reflexionar. Siéntete libre de ir contestando a tu ritmo, en diferentes ambientes, solo o con amigos, con papel y lápiz o para tus adentros. Personalmente, me gusta hacer estos ejercicios en alguna libreta que pueda volver a consultar. Yo es que me siento más cómoda reflexionando boli en mano, pero te animo a que adaptes cualquiera de estos ejercicios a lo que sea más «tú». Lo importante es que crees un espacio para que puedas conocerte más a ti mismo. Y también, por qué no, ir disfrutando de tus propias reflexiones.

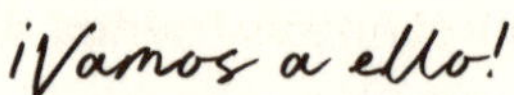

1. Lo que amas hacer

¿Cuáles son las actividades que hacen que pierdas la noción del tiempo? ¿Qué partes de esas actividades son las que más disfrutas? ¿Por qué?

A esta sensación de perder la noción del tiempo se la conoce por «estado de flujo» (*state of flow,*[2] en inglés). Se caracteriza por ser un estado mental de completa inmersión en una actividad, y es posible que lo sientas sobre todo en actividades en las que uses tus habilidades naturales, pero en las que también te sientas retado. Este tipo de actividades conducen a una profunda satisfacción y disfrute.

¿Cuáles eran las actividades que más disfrutabas cuando eras pequeño?

¿Recuerdas eso que solías hacer cuando eras pequeño? ¿Dibujar cómics? ¿Pintar? ¿Cantar? ¿Improvisar obras de teatro solo por el placer de sentir que tenías otra vida? Conforme nos hacemos mayores, muchas de nuestras pasiones van desapareciendo o toman diferentes formas. Pero no dejes que el mundo adulto te haga creer que tus sueños son imposibles o que solo merece la pena practicarlos si eres un genio. Pensar en lo que disfrutabas con ocho años te puede dar grandes pistas a la hora de decidir a qué quieres dedicarte.

2. Término acuñado por el psicólogo Mihály Csíkszentmihályi.

Si no tuvieses ninguna restricción en cuanto a dinero, tiempo u obligaciones, ¿a qué dedicarías la mayor parte de tu tiempo?

Imagínate: mañana te llega la noticia de que te ha tocado toda la herencia de una tía abuela que no sabías ni que existía. ¿Qué harías? Siéntete libre tanto de pensar en grande como, sencillamente, de imaginar qué sería poder explorar tu curiosidad con más mimo. Te dejo aquí también otra pregunta un poco distinta, pero también relacionada con esta, que te puede resultar muy útil: ¿si tuvieses que pasarte el día fuera de casa, todos los días, a dónde irías y qué harías?

¿Qué actividades (físicas o intelectuales) te llenan de energía?

Si te fijas, puedes clasificar la mayoría de actividades que hacemos en el día como actividades que nos llenan de entusiasmo o nos agotan. ¿Qué te da un impulso de vitalidad?

Piensa en momentos en los que te has sentido más conectado contigo mismo. ¿Qué estabas haciendo?

Cierra los ojos y evoca ese sentimiento de conexión interior. ¿Qué te hace ser más «tú»?

2. Lo que se te da bien

¿Cuáles son las asignaturas en las que destacas? ¿Con qué tareas o actividades te sientes más cómodo?

Piensa tanto en lo que has cursado en el colegio o en el instituto como en otras actividades que desempeñas fuera del aula.

¿Cómo te gustaría que te recordaran cuando ya no estés aquí?

A muchos nos aterroriza pensar en nuestra propia muerte a pesar de que si hay algo que tenemos en común (a no ser que tú sepas algo que yo no) es que todos tenemos fecha de caducidad. Y, sin embargo, la muerte es uno de esos eventos que dan absoluta perspectiva sobre lo que es importante en la vida. Te formulo la pregunta de otra forma: imagina que tienes noventa y nueve años, estás en tu lecho de muerte y te dan la oportunidad de volver a tener la edad que tienes ahora. ¿Qué harías?

Si les preguntaras a tus profesores, padres o amigos, ¿qué dirían ellos que se te da bien? Y, de hecho, ¿para qué recurren a ti tus familiares y amigos?

Y, si no lo tienes claro, tal vez sea un buen momento para ir a preguntarles. A modo de anécdota personal, decidí comenzar a crear contenido sobre carreras profesionales porque era de los temas para los que más acudían a mí mis amigos. Y pensé: si mis amigos cercanos encuentran algo de valor en los consejos que doy, lo mismo es algo que a más gente le interesa. Lo que no me esperaba para nada era que a más de un millón de personas les interesara lo que yo tenía que decir.

¿Qué tipo de habilidades te gustaría desarrollar más debido a tu facilidad para aprenderlas?

Si fuiste de los que te subiste a un *skateboard* por primera vez y a los diez minutos parecía que tuvieses doce años de competición a tus espaldas, o si nunca tuviste que esforzarte demasiado para hablar cómodamente en público, dale una vuelta, anda. Porque la suerte del novato no es casualidad.

¿Qué te gusta tantísimo que estás dispuesto a hacer todos los sacrificios que requiere?

Con esta pregunta me gustaría recordarte que, aunque elijas lo que más te gusta, no hay absolutamente nada que sea siempre positivo el cien por cien de las veces. Incluso las carreras profesionales más idealizadas vienen con una cantidad inevitable de aspectos desagradables, aburridísimos o directamente odiosos.

Si quieres ser escritor, pero no estás preparado para que te rechacen el manuscrito cientos de veces, entonces tanto no quieres ser escritor. Si quieres ser astronauta, pero no estás dispuesto a echar años formándote y siendo evaluado, pues lo mismo no te interesa tanto. Estar dispuesto a aguantar retos que los demás no aguantarían hará que desarrolles habilidades en esa área que los demás no desarrollarán. Y esta será justamente tu ventaja competitiva en el mercado laboral, y en la vida.

3. Lo que el mundo necesita

Si piensas en tu día a día, ¿qué problemas detectas que crees que se podrían solucionar?

Nuestro instinto natural suele ser mirar hacia otro lado, pero, si piensas en tu rutina, ¿qué es lo que ves en tu día a día que podría ser mejorable? Por ejemplo, ¿ves a la misma persona sin hogar todos los días? ¿Hay rampas en la entrada de tu instituto? Si necesitas hacer una gestión en una página web, ¿funcionan bien y con rapidez?

¿Qué crees que podrían hacer mejor los adultos?

Aquí te hago un *spoiler* que seguramente ya sepas, pero ahí va de todas formas: en el momento en el que se cumplen los dieciocho no se abren los cielos y aparecen los ángeles haciendo el *moonwalk* para devolverte la sabiduría que te había sido arrebatada durante la adolescencia. Los adultos están probablemente igual de confundidos que tú, pero con un par de facturas más a su nombre. Así que ¿qué crees que podrían estar haciendo mejor?

Si piensas en un mundo ideal, ¿cuáles son las principales áreas de mejora que ves? ¿Qué es lo que tiene ese «mundo mejor» que no tiene el mundo como lo conoces?

Tómate unos segundos para cerrar los ojos e idear cómo sería un mundo perfecto. ¿Cómo serían las ciudades? ¿Cómo sería la educación? ¿Cómo serían los parques? ¿Y los hobbies de la gente? ¿Cómo sería la infraestructura? ¿Y nuestros hábitos?

De los problemas que vas detectando, ¿cuáles son los que hacen que te hierva la sangre? ¿Cuáles son las causas sociales que te apasionan?

Seguramente, a estas alturas ya habrás detectado un par que te mosquean más que los otros. ¿Cuáles?

Hace unos años, las Naciones Unidas se pusieron de acuerdo para crear los ODS (Objetivos de Desarrollo Sostenible). Son un conjunto de diecisiete metas globales destinadas a hacer frente a los desafíos económicos, sociales y ambientales más relevantes de la actualidad. A continuación, voy a compartir contigo un breve resumen de cada uno y verás que te irás inclinando más por unos que por otros.

¿En qué áreas crees que podrías mejorar el mundo que nos rodea?

Fin de la pobreza

Eliminar la pobreza en todas sus formas, asegurando que todas las personas tengan acceso a recursos básicos como comida, vivienda, educación y atención médica.

Hambre cero

Erradicar el hambre y garantizar la seguridad alimentaria, promoviendo sistemas agrícolas sostenibles y el acceso a una nutrición adecuada para todas las personas.

SALUD Y BIENESTAR

Asegurar una vida sana y promover el bienestar para todos, asegurando el acceso a servicios de salud de calidad y la prevención de enfermedades.

EDUCACIÓN DE CALIDAD

Proporcionar una educación inclusiva y equitativa, garantizando que todas las personas tengan la oportunidad de adquirir conocimientos y habilidades necesarios para prosperar.

IGUALDAD DE GÉNERO

Lograr la igualdad de género y empoderar a mujeres y niñas, eliminando la discriminación de género y promoviendo la participación activa en todos los aspectos de la sociedad.

AGUA LIMPIA Y SANEAMIENTO

Garantizar el acceso a agua potable y servicios de saneamiento adecuados, promoviendo una gestión sostenible de los recursos hídricos.

ENERGÍA ASEQUIBLE Y NO CONTAMINANTE

Garantizar que todas las personas tengan acceso a energía asequible y fiable, promoviendo la transición hacia fuentes de energía más limpias y sostenibles.

TRABAJO DECENTE Y CRECIMIENTO ECONÓMICO

Promover el crecimiento económico sostenible y la creación de empleo digno para mejorar la calidad de vida de las personas.

INDUSTRIA, INNOVACIÓN E INFRAESTRUCTURA

Fomentar la innovación, el desarrollo de infraestructuras sostenibles y la promoción de la industrialización responsable.

REDUCCIÓN DE LAS DESIGUALDADES

Reducir las desigualdades dentro y entre países, abordando las brechas económicas y sociales y promoviendo la inclusión de todas las personas.

CIUDADES Y COMUNIDADES SOSTENIBLES

Crear ciudades y comunidades inclusivas, seguras, resilientes y sostenibles, promoviendo un desarrollo urbano planificado y sostenible.

PRODUCCIÓN Y CONSUMO RESPONSABLES

Promover patrones de producción y consumo sostenibles, reduciendo el desperdicio y minimizando el impacto ambiental.

ACCIÓN POR EL CLIMA

Tomar medidas urgentes para combatir el cambio climático y sus efectos, reduciendo las emisiones de gases de efecto invernadero.

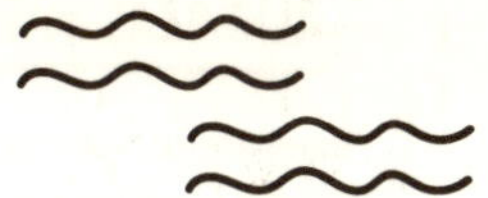

VIDA SUBMARINA

Conservación y uso sostenible de los océanos y sus recursos, protegiendo la biodiversidad marina.

VIDA DE ECOSISTEMAS TERRESTRES

Protección, restauración y uso sostenible de ecosistemas terrestres, incluyendo bosques y biodiversidad.

PAZ, JUSTICIA E INSTITUCIONES SÓLIDAS

Promover sociedades pacíficas, justas e inclusivas mediante la construcción de instituciones efectivas y la lucha contra la corrupción.

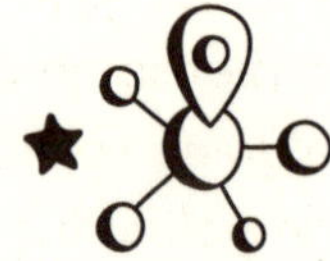

ALIANZAS PARA LOGRAR LOS OBJETIVOS

Fortalecer la cooperación global y las alianzas entre gobiernos, empresas y la sociedad civil para lograr los demás ODS y promover un desarrollo sostenible a nivel mundial.

Mientras los leías, ¿has ido pensando en diferentes causas o personas que conoces que, consciente o inconscientemente, trabajan para alguno de ellos?

Somos muchos los que nos vemos naturalmente inclinados por alguna de estas causas y le damos voz de forma orgánica y genuina. Por ejemplo, Thamina, mi amiga y excompañera de trabajo en LinkedIn, siempre ha sido una apasionada de la igualdad de las mujeres en el trabajo y consagró buena parte de su tiempo a la ERG[3] de Woman@LinkedIn. En su tiempo libre, creó un pódcast con el objetivo de ayudar a las mujeres a construir riqueza y cerrar las brechas de conocimiento en torno a las finanzas. O Sofía, una de mis amigas más cercanas, a quien siempre había preocupado la sostenibilidad y decidió ahondar y enfocar su carrera en esa área. Ahora lidera el departamento de sostenibilidad en España de una gran multinacional y es su forma de contribuir con su granito de arena. También pienso en mi instructor de buceo, quien aprovecha el curso para educarnos sobre el ecosistema marino; pienso en creadores de contenido que hacen más de profesores virtuales que de *influencers*; pienso en los que levantan su voz en comidas familiares donde alguien suelta un comentario homófobo, y pienso en los miles de voluntarios que dedican su tiempo libre a ayudar en hospitales, residencias o comedores sociales.

EN RESUMEN:

no hace falta que tengas una plataforma con una audiencia gigante para pensar en cómo servir a los demás. Hay mil formas de incluir esta parte de servicio en nuestras rutinas, tal y como son ahora.

ASÍ QUE ¿POR CUÁL TE INCLINAS TÚ NATURALMENTE?

3. ERG = Employee Resource Group. Son grupos voluntarios liderados por empleados que se enfocan en promover la diversidad y la inclusión en el lugar de trabajo. Abordan diferentes temas, pero suelen cubrir la igualdad de género, los derechos LGBTQ+ y la diversidad racial.

4. Por lo que te pueden pagar

Haz una lista de tus hobbies y aquello que se te da bien de forma natural y, a continuación, detalla al menos dos formas de monetizarlos.

Cualquiera que conozca a mi amiga Mariana estará de acuerdo en que es una persona con muchas inquietudes. El verano en el que tenía catorce años, decidió que quería irse de intercambio a aprender inglés al Reino Unido. Pero ese plan requería financiación y Mariana sabía que no iba a venir de su familia. Pero también era consciente de otra cosa: que los *pancakes* están muy buenos y ella sabía hacer unos que eran para lamerse los dedos. Así que se puso el delantal y comenzó a prepararlos y venderlos.

No solo se fue de intercambio con el dinero que ganó, sino que le fue tan bien que al año siguiente repitió la jugada. Para el tercer año, ya estaba colaborando con un restaurante de su zona, empleaba a cinco personas y en un mes se sacaba 3.500€ netos. *Boom.*

¿Moraleja? No necesitas vender criptomonedas para monetizar tus hobbies. Más bien pregúntate: ¿cuáles son mis *pancakes*?

Si pudieras elegir una profesión sin preocuparte por el dinero, ¿cuál sería? Piensa ahora en tres maneras diferentes de ganar dinero en esa profesión.

Aquí intentaremos obviar todas las voces que alguna vez te han dicho que no estudiaras algo porque no tenía salidas. Antes de darlo por sentado, vamos a analizarlo con calma. Si tú lo que quieres es ser cantante, antes de matar el sueño, ¿qué formas tendrías de sacarle dinero a esa profesión?

¿Cómo podrías encontrar un equilibrio entre seguir tus pasiones y ganarte la vida?

De mi boca no va a salir nunca un «deja de intentarlo», pero tampoco soy de las que te van a dar como consejo que lo dejes todo y persigas tu sueño. Lo que sí voy a hacer es aconsejarte que lo explores.

¿Qué es lo que puedes hacer ahora que, sin que te suponga la ruina financiera, te permita estar un paso más cerca de vivir de tu pasión?

Te lo dice alguien que durante cinco años estuvo trabajando en diferentes proyectos paralelos a mi trabajo y no fue hasta que @adri.zip vio la luz y ya casi cobraba lo mismo creando contenido que trabajando en Google cuando decidí renunciar. Las pasiones se viven mejor y más sanamente cuando perseguirlas no te va a desestabilizar.

Ahora que has reflexionado sobre esas categorías por separado, es hora de encontrar los puntos conectores. Como muestra el diagrama del *ikigai* de la página siguiente, si encuentras lo que amas hacer y lo unes con aquello que se te da bien, es muy probable que esa sea tu pasión. Pero, ojo, ¡que no es tu *ikigai*! Y lo mismo pasa con el resto, tu misión, tu vocación o tu profesión podrían ser definidas como la confluencia entre diferentes apartados, pero solo la unión de a cuatro sería tu *ikigai*.

Para que este ejercicio sea realmente útil, hay que ir un paso más allá de lo que en principio te sería obvio porque seguramente ahora estás releyendo tus respuestas pensando: «Adri, cómo conecto yo esto de que me apasiona el macramé con que me gustaría resolver problemas de desinfección de agua». Para ello, te animo a usar recursos como los mapas mentales.

Por ejemplo, un mapa mental clásico para el *ikigai* es este diagrama de Venn.

Si sigues sin dar con ello, no te preocupes, lo raro es encontrarlo a la primera. La teoría está muy bien, pero personalmente abogo por llegar a ello a través de la práctica.

Y una última puntualización, una que a lo mejor es algo polémica. A estas alturas, pensar en la parte monetaria de nuestro *ikigai* no debería ser una prioridad. Y no es que no me guste ganar dinero, que una es catalana y tiene que estar a la altura del estereotipo. Además, creo firmemente que solo generará dinero el que busque generarlo. Y, aunque podamos pasarnos horas debatiendo si el dinero da o no la felicidad, solo podemos ponernos filosóficos cuando nuestras necesidades básicas están cubiertas. ¿O le vamos a decir a alguien que no llega a final de mes que unos ingresos extra no van a mejorar su salud mental?

Sin embargo, generar dinero es, y tiene que seguir siendo, una consecuencia natural de añadir valor para los demás. Encuentra algo en lo que despuntes y verás como vas a encontrar clientes que paguen por ello. Como mi abuela solía decir: «Da igual lo que elijas, lo importante es que seas de los mejores porque los mejores siempre tienen trabajo». Y es cierto. Ya puedes ser un sexador de pollos que, si se te da espectacularmente bien, no vas a pisar una cola del paro en tu vida. Y no, yo tampoco sabía que eso de sexar pollos era un trabajo hasta que un profesor de Economía nos lo puso en el enunciado de un examen.

Además, si has tenido la suerte de encontrar algo que cumple con todo lo anterior, ¿no es eso suficientemente bueno? ¿Y si le quitamos a tu pasión o a tu vocación la presión de ser lo que te da de comer? ¿No sería bueno tener separado lo que te llena el corazón y lo que te llena la nevera?

Lo que sí que creo que puedes hacer desde ya y que va a ser productivo es buscar oportunidades en áreas que te generan interés. Te propongo algunos recursos que tienes a tu disposición. Échale un ojo a este mapa mental que pongo de ejemplo, pero pensando en tus propias pasiones o inquietudes.

En el caso de que nunca hayas trabajado con mapas mentales, te los explico en unas líneas. En esencia, un mapa mental es una herramienta gráfica que organiza información, ideas o conceptos de manera jerárquica y visual. Se utiliza para representar conexiones, resumir conceptos y facilitar la comprensión y la creatividad en la resolución de problemas.

Así, por encima, constaría de lo siguiente:

1. Comienza en medio de la página con un tema central que representa el concepto principal o problema a resolver. En este caso, tu *ikigai*.
2. De ahí, dibuja ramas que se extiendan desde el tema central para representar subtemas o ideas relacionadas. Utiliza líneas, colores y formas para conectarlos de manera visual.
3. Organiza la información de manera jerárquica, con las ideas principales cerca del centro y las ideas secundarias en ramas más alejadas.
4. Usa palabras clave, frases cortas y símbolos en lugar de oraciones completas para simplificar y agilizar la representación de ideas.
5. ¡Sé creativo! Usa iconos, imágenes, colores y diagramas para hacer que el mapa sea más fácil de comprender.
6. Y, por supuesto, puedes ajustar y expandir tu mapa mental a medida que surgen nuevas ideas o conexiones.

HAGO una lista de temas que me llaman la atención

SELECCIONO los dos más interesantes

RECABO toda la información que pueda sobre ellos, mediante varias vías

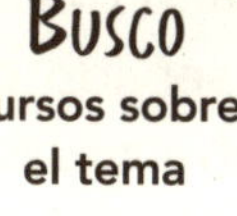

BUSCO en LinkedIn a expertos que hagan algo similar: ¿cómo se formaron?

BUSCO cursos sobre el tema

BUSCO voluntariados o prácticas pagadas

BUSCO eventos relacionados con el tema en mi ciudad

Plataformas gratuitas. Si son de pago, ¿existe financiación?, ¿cómo puedo financiar mis estudios?

¿Hay alguna organización o empresa que necesite una mano mientras yo aprendo de ellos?

Ten en cuenta que, aunque todos estos ejercicios sirvan para conocernos mejor y el autoconocimiento sea esencial para poder tomar nuestras decisiones de la mejor forma posible, al final somos un eterno trabajo en curso (*work in progress*, que dirían los norteamericanos). Si tienes suerte, en cinco años serás muy diferente de quien eres hoy. El cambio y progreso es positivo, no te aferres a una identidad concreta de quien eres en esta etapa.

No fue hasta que un día hice un vídeo sobre el *ikigai* cuando me di cuenta de que, tal vez, estuviese muy cerca de dar con el mío. Llevaba apenas unos meses publicando contenido como hobby, compaginándolo con mi trabajo en Google, pero comenzaba a ver que este proyecto mío tenía el potencial de convertirse en un trabajo a tiempo completo. Desde luego, era algo que disfrutaba haciendo; estaba feliz de dedicarle mi tiempo libre a mis redes. Pasados unos meses, empezaron a llegarme mensajes de seguidores que me decían que mi contenido les había servido para conseguir los trabajos con los que soñaban. No sabía todavía si era buena en ello, pero, cuanto más tiempo le ponía, más refinaba mis vídeos y mi forma de comunicar. Y, con el paso de los meses, cuanto más valor añadía a mi audiencia, más marcas se interesaban por mi perfil; con ello comenzaron a llegarme los primeros cheques procedentes de la creación de contenido.

Cuando la gente me pregunta si creo que es algo que podré hacer toda la vida («Adri, recuerda que es muy difícil mantenerse relevante en este mundo»), mi respuesta es:

«Con el debido respeto, señor, me importa un pepino».

Crear contenido es lo que hago ahora, no lo que soy. De la misma forma que trabajar en Google era mi trabajo, no mi identidad.

Si dejar el trabajo hubiese supuesto cortar con una parte de quien era, imagínate lo mucho que me habría costado. Esto de las redes es algo que me sigue apasionando, así que continúo aportando mi granito de arena, sintiendo que progreso y sigue dándome de comer. Si deja de ocurrir esto en algún momento, haré lo que hago siempre: tirar del hilo de la curiosidad hasta dar con otro proyecto que me llene el estómago de tantas mariposas que me sea imposible ignorarlas.

Pensar que tenemos un único propósito y ver nuestras elecciones desde una óptica determinista (pensar que todo está predeterminado y no nos corresponde a nosotros decidir qué va a pasar) es algo que puede quitarnos el sueño. Me parece más importante mantener este espíritu explorador y buscar nuestra constante reinvención. Por ello, como alguien que ya ha pasado por todas esas decisiones que tienes que tomar ahora que estás acabando bachillerato, quiero transmitirte la más absoluta tranquilidad. No hay decisión académica tan importante que vaya a condicionar el resto de tu vida laboral. Tranqui. Respira.

Tú mismo no eres un proyecto estático. ¿Cómo va a serlo tu carrera?

3. EL RÍO DE LA VIDA

Después de tantas preguntas hipotéticas en los capítulos anteriores, ahora toca centrarnos en quién hemos sido, los acontecimientos que nos han marcado y las decisiones que hemos tomado en el pasado. Si, como yo, eres #TeamTerapia, seguramente seas muy consciente de hasta qué punto nuestra infancia marca quiénes somos en el presente. Entender nuestra historia nos hace ser conscientes de patrones que seguimos inconscientemente y detectarlos nos permite prevenirlos en un futuro.

Vamos a trabajar un ejercicio llamado «el río de la vida», para el que necesitarás un folio en blanco y rotuladores de colores. Venga, vale, te acepto un lápiz si no te sientes especialmente artístico. Pero, si eres de los míos y tienes veinticinco bolis de colores en el estuche, es un buen momento para desempolvarlos.

Busca también un espacio tranquilo.

Comenzarás dibujando un río, que va a representar tu línea de vida, eso es el tiempo que llevas en este mundo. Así, el extremo izquierdo del río será tu nacimiento y se extenderá hacia la derecha, que es tu futuro.

A lo largo del río ve marcando los eventos o etapas clave de tu vida. Te doy algunas ideas: tu nacimiento, el nacimiento de tus hermanos, el divorcio de tus padres, tu primera pareja u otras relaciones importantes, los cambios en tu educación, las extraescolares que te marcaron, los viajes, etc.

A medida que coloques esos eventos sobre el río, tómate un tiempo para reflexionar sobre cada uno de ellos. ¿Qué ha sido tan relevante de ese evento que ha hecho que quieras incluirlo en ese resumen de tu vida? ¿Cómo te sentiste cuando ocurrió? ¿Qué aprendiste? ¿Cómo influyó en el resto de tu vida?

Ahora, marca en qué punto del río te encuentras en el momento presente. Recuerda que tienes que dejar espacio más allá para incluir eventos futuros.

Una vez llegados a este punto, te propongo dos cosas: por un lado, dejar que tu imaginación fluya y añadir a la derecha del momento presente metas que esperas alcanzar en el futuro. Pueden ser aspiraciones personales, profesionales, relaciones o cualquier otra cosa que te venga a la mente. Por otro, parar aquí el ejercicio y simplemente tomarte unos minutos extra para escribir tus reflexiones, pensamientos y emociones con las que te has topado mientras lo hacías. ¿Detectas que hay alguna etapa en concreto que no te está dejando avanzar? ¿Hay decisiones que has tomado recientemente o que vas a tomar que podrían explicarse por eventos pasados?

Si hay una persona que me viene a la mente cuando pienso en eventos pasados que podrían haber marcado el futuro de alguien, esa sería Cassey. Era de esas niñas que no se separaban de su libreta; se pasaba el día dibujando en ella. Como muchas otras niñas de su edad, soñaba con ser diseñadora de moda y los dibujos eran su forma de expresar su creatividad. Con los años, más que olvidarse de ese sueño, comenzó a contemplarlo como una opción laboral real. Tanto que a los dieciséis dejó caer a sus padres que empezaba a tener claro que esa era la carrera que le gustaría estudiar. ¿Cuál fue la respuesta de su padre?

«Cassey, tienes tres opciones: puedes ser médica, abogada o una fracasada».

Auch. Dura respuesta para alguien que te está confiando sus ambiciones, aunque necesita contexto. Los padres de Cassey son de origen vietnamita y emigraron a Estados Unidos poco antes de nacer ella. La educaron en el valor del esfuerzo personal y, a lo largo de su vida, se aseguraron de que supiese a cuánto habían renunciado para que ella tuviese el privilegio de criarse en Los Ángeles. Y, después de todo lo que habían sacrificado por ella, ¿cómo iba a elegir una carrera que no fuese prestigiosa y le diese estabilidad económica? Con lo difícil que había sido para ellos sacar a la familia adelante. Así que, al final, Cassey se metió en Biología (la cual, en Estados Unidos, es la carrera previa a estudiar Medicina).

Heredamos muchas creencias limitantes de nuestro círculo cercano y, probablemente, las creencias sobre el dinero sean unas de las más comunes. Es poco habitual que en casa nos enseñen a tener una relación sana con nuestras finanzas y son muchos los que cargan con temores y heridas en torno a este tema.

Esos miedos toman muchas formas y es probable que los hayas escuchado expresados como: «Hablar de dinero es de mala educación», «No compartas tu salario con los demás», «El dinero no puede comprar la felicidad»… Aunque poco a poco la educación financiera es más accesible para todos, seguimos a años luz de que se estandarice. Por ello, cuando escuches alguno de estos sesgos de opinión, mantén siempre una actitud compasiva y empática: nunca sabes cuáles son las experiencias vitales de la persona que te lo está diciendo.

Es muy difícil educar sin sesgos de opinión, eso está clarísimo, y este libro no pretende ser de educación financiera (si te interesa el tema, te recomiendo comenzar con el clásico *Padre rico, padre pobre*, de Robert Kiyosaki. Es un clásico por algo). Sin embargo, es importantísimo detectar cuáles son aquellas creencias que nos han inculcado y que, en realidad, no son nuestras porque eso supone cargar con una mochila que no te corresponde. Lo ideal es detectar esas convicciones y, con cariño, dejar esa mochila en casa para seguir con tu propio camino. Si no lo hacemos, nos pasaremos la vida tomando decisiones basadas en opiniones ajenas. Por ejemplo, ¿crees que es difícil ganar dinero porque lo has experimentado en primera persona o porque es lo que has oído en casa?

Vuelvo a la historia de Cassey, que aún queda que contar. Al poco de comenzar Biología, se dio cuenta de que eso no era para ella y finalmente se cambió a Diseño de Moda en Nueva York. Siempre había sido muy activa y, para conseguir unos ingresos extra, hizo de instructora de pilates al acabar sus estudios. A sus alumnos les gustaban tanto sus clases que le pidieron que grabase vídeos para seguir entrenando con ella, aunque fuese de forma virtual. Así que en 2009 nació Blogilates, el canal de YouTube en el que sube sus entrenamientos. Poco a poco, comenzó a crear audiencia.

Al cabo de los años, sus seguidores le solicitaron productos propios y, aprovechando su formación como diseñadora de moda, Cassey Ho lanzó Popflex, su primera línea de ropa. Te adelanto sus números (el día que escribo esto): Cassey Ho cuenta con más de nueve millones de seguidores en YouTube, más de dos millones en Instagram y más de tres millones y medio en TikTok. ¿Y su línea de ropa? Siguió creciendo. Ahora factura más de ocho dígitos al año (para que te hagas una idea, ocho dígitos es un rango entre diez y noventa y nueve millones de dólares). También formalizó Blogilates como segunda marca de equipamiento deportivo, la cual está valorada en otros ocho dígitos.

«Puedes encontrar felicidad, éxito y propósito en la misma avenida», asegura ella.

Todos compartimos un poco de la historia de Cassey: es extremadamente difícil tomar decisiones que sean puramente nuestras. Inevitablemente, tanto nuestras experiencias pasadas como nuestro entorno cercano van a tener algún tipo de impacto en nuestros sueños, anhelos y aspiraciones. Y no tiene por qué ser algo negativo, ¡al contrario! Si te rodeas de la gente correcta, tendrás un grupo de apoyo en el que te sentirás querido, apoyado y guiado. Eso sí, alguien te puede querer con locura y desear lo mejor para ti, pero eso no implica que sus consejos sean acertados. Hay que saber qué orientación buscamos en cada persona y discernir si lo que nos dicen nos sirve o no. Por norma general, personalmente no tomo en consideración las críticas de aquellos a los que no pediría consejo. Si no seguirías recomendaciones deportivas de alguien que no se ha levantado del sofá en su vida, o no irías a tu peluquero a preguntarle por qué se te cala el coche cada cien metros, la misma filosofía aplica para las áreas de formación y trabajo. Escoge bien tus referentes. Opinar es gratis, pero seguir las opiniones incorrectas puede costarte caro.

Por eso son importantes ejercicios como «el río de la vida»: para entender qué hay detrás de nuestras tomas de decisiones. Una vez que somos conscientes de cómo nuestros eventos pasados y entornos influyen en nuestro patrón de comportamiento, tomamos las riendas de nuestro presente con un poco más de firmeza y nuestro río se encauza un poco más.

4. UN DÍA PERFECTO

Vamos a cerrar este apartado dedicado a la reflexión con un ejercicio de visualización, manifestación o como quieras llamarlo. Es un ejercicio que me encanta porque consiste en escribir una historia feliz en la que tú eres el protagonista. ¿Y a quién no le gustan los finales felices?

Cierra los ojos e imagina que te despiertas en el futuro (puedes elegir qué momento). La única regla es que tienes que describir tu día ideal, por lo que mantendremos un enfoque positivo. ¿Cómo te imaginas ese día perfecto de tu futuro? Reflexiona sobre ello unos minutos y, después, descríbelo con tanto detalle como puedas.

TRUCO DE PRO

Te doy algunas preguntas que puedes usar como guía.

¿DÓNDE TE DESPIERTAS? ¿QUÉ ES LO PRIMERO QUE OYES? ¿A QUÉ HUELE? ¿QUÉ VES? ¿HAY ALGUIEN A TU ALREDEDOR? ¿QUÉ ES LO PRIMERO QUE VAS A HACER? ¿QUÉ TEMPERATURA SIENTES? ¿CÓMO SON TUS INTERACCIONES A LO LARGO DE ESE DÍA? ¿CÓMO TE SIENTES?

A medida que avanzas en este ejercicio, tómate unos segundos para empaparte de las emociones que está sintiendo tu «yo» del futuro. Nota esa alegría y gratitud como si lo estuvieses viviendo en el presente y como si todo lo que estás detallando estuviera ya ocurriendo.

Aunque haya aspectos de tu futuro que todavía no tengas claros (como qué trabajo te gustaría tener o qué profesional quieres ser), estoy segura de que hay otros muchos que sí. Ser conscientes de qué estilo de vida queremos llevar también nos ayudará a descartar diferentes opciones. Por ejemplo, va a ser difícil compaginar un estilo de vida de nómada digital, en el que viajas y trabajas por todo el mundo, con una vocación de médico. A no ser que quieras ser un doctor itinerante que trabaja en países en vías de desarrollo para una ONG, claro.

Te recomiendo que guardes lo que escribas en algún sitio que puedas rescatar más tarde. Algún día volverás a leerlo y pensarás:

«Vaya, no iba tan desencaminado».

5. TEST DE FORTALEZAS

Ahora que has llegado hasta aquí mediante un trabajo de reflexión sobre tus fortalezas, vamos a acabar de atar cabos. La idea es relacionar ciertas fortalezas con campos de estudio concretos. Y, para ello, te propongo un test.

A continuación verás seis categorías, cada una contiene una fortaleza diferente. Para cada categoría, marca aquellas fortalezas con las que de verdad te identifiques y consideres que son «muy tú». Observarás que algunas se repiten. Si esto te ocurre, márcalas las veces que sea necesario.

CATEGORÍA 1

Comunico de forma asertiva	Resuelvo problemas eficientemente	Tengo un enfoque amplio	Disfruto liderando	Me oriento a los resultados
Pienso estratégicamente	Disfruto interpretando datos	Soy feliz trabajando en equipo	Estoy al día de la actualidad	Confío en mí mismo

TOTAL DE FORTALEZAS IDENTIFICADAS: _/10

CATEGORÍA 2

Crear me hace feliz	Soy colaborativo	Disfruto experimentando	Acepto bien el rechazo	Confío en mi disciplina
Tengo buen sentido de la estética	Soy autosuficiente	Trabajo bien bajo presión	Sé ejecutar mis ideas	Conecto fácilmente con mis emociones

TOTAL DE FORTALEZAS IDENTIFICADAS: _/10

CATEGORÍA 3

Me resulta fácil ser paciente	Me gusta trabajar con gente	Me adapto a todo	Soy empático	Comunico de forma asertiva
Tengo buen ojo para los detalles	Creo ambientes inclusivos	Sé captar la atención de la gente cuando hablo	Estoy al día de la actualidad	Me formo constantemente

TOTAL DE FORTALEZAS IDENTIFICADAS: _/10

CATEGORÍA 4

Me interesa el mundo que me rodea	Me gusta investigar	Me muevo cómodamente en entornos internacionales	La integridad es muy importante para mí	Tengo habilidades interculturales
Soy empático	Tengo buen ojo para los detalles	Soy feliz trabajando en equipo	Tengo conciencia social	Me adapto a todo

TOTAL DE FORTALEZAS IDENTIFICADAS: __/10

CATEGORÍA 5

Tengo buen ojo para los detalles	Resuelvo problemas eficientemente	Me gusta investigar	Disfruto interpretando datos	Pienso estratégicamente
Destaco por mi pensamiento analítico	Me formo constantemente	Soy bueno con la tecnología	Sé hacer fácil lo difícil	Mi curiosidad es insaciable

TOTAL DE FORTALEZAS IDENTIFICADAS: __/10

CATEGORÍA 6

Soy empático	Me formo constantemente	Me gusta trabajar con gente	Comunico de forma asertiva	Tengo conciencia social
Tengo buen ojo para los detalles	Soy perseverante	Gestiono bien mi tiempo	Soy resiliente	La integridad es muy importante para mí

TOTAL DE FORTALEZAS IDENTIFICADAS: __/10

Ahora, recuenta cuántas fortalezas has marcado en cada una de las categorías.

¿CUÁL ES LA CATEGORÍA PARA LA QUE HAS SELECCIONADO MÁS FORTALEZAS?

- **Si has identificado más fortalezas en la categoría 1**, es probable que te interesen campos de estudio relacionados con la economía, la empresa y el emprendimiento. Algunas carreras que podrían cuadrar con tus fortalezas son Economía, Administración y Dirección de Empresas (ADE), Finanzas, Marketing o Negocios Internacionales.
- **Si has identificado más fortalezas en la categoría 2**, es probable que te interesen campos de estudio relacionados con las artes, bellas artes, la arquitectura y el urbanismo. Algunas carreras que podrían cuadrar con tus fortalezas son Bellas Artes, Diseño Gráfico, Diseño de Moda, Música, Artes Escénicas, Arquitectura, Urbanismo u Ordenación del Territorio.
- **Si has identificado más fortalezas en la categoría 3**, es probable que te interesen campos de estudio relacionados con la educación y la docencia. Algunas carreras que podrían cuadrar con tus fortalezas son Pedagogía, Educación Social, Maestro en Educación Infantil o Maestro en Educación Primaria.
- **Si has identificado más fortalezas en la categoría 4**, es probable que te interesen campos de estudio relacionados con las ciencias sociales, las humanidades, el turismo y la hostelería. Algunas carreras que podrían cuadrar con tus fortalezas son Historia, Filosofía, Psicología, Sociología, Trabajo Social, Comunicación, Periodismo, Publicidad, Derecho, Traducción e Interpretación, Lenguas Modernas y sus Literaturas, Turismo o Gestión Hotelera.

- **Si has identificado más fortalezas en la categoría 5**, es probable que te interesen campos de estudio relacionados con las ciencias. Algunas carreras que podrían cuadrar con tus fortalezas son diferentes ingenierías (Informática, Electrónica, Mecánica, Industrial, Aeroespacial...), Telecomunicaciones, Tecnologías de la Información o Robótica.
- **Si has identificado más fortalezas en la categoría 6**, es probable que te interesen campos de estudio relacionados con las ciencias de la salud y experimentales. Algunas carreras que podrían cuadrar con tus fortalezas son Medicina, Enfermería, Odontología, Fisioterapia, Psicología Clínica, Nutrición y Dietética, Biología, Química, Física, Geología o Ciencias Ambientales.

Llegados a este punto, he de hacer una aclaración. Es importante recalcar que este test solo tiene en cuenta tus fortalezas, no tus intereses, los cuales también pesarán mucho en tu elección. Además, cada campo de estudio tiene muchas especializaciones, por lo que, evidentemente, las cualidades que requiere cada una irán cambiando.

Si eres de los que disfrutan haciendo test (yo, desde luego, me declaro culpable), te recomiendo tres más que creo que te podrán ser de ayuda.

1. El test MBTI

El test MBTI, o Indicador de Tipo Psicológico de Myers-Briggs, es un test gratuito que clasifica a las personas en 16 tipos distintos según cuatro dimensiones fundamentales: extraversión o introversión, sensación o intuición, pensamiento o sentimiento y juicio o percepción. Verás que, una vez acabado el test, te dan un informe que detalla tu perfil; incluye un apartado sobre la carrera profesional que puede serte útil o en aquella en la que podrías destacar.

2. El test de CliftonStrengths

El test de CliftonStrengths, también conocido como Clifton StrengthsFinder o Gallup StrengthsFinder, es una herramienta de evaluación diseñada para identificar y clasificar las fortalezas personales de un individuo. Este test evalúa 34 familias de fortalezas diferentes. Al completarlo, recibirás un informe, donde se destacan tus cinco principales fortalezas. Algo que me gusta mucho de este test es el enfoque positivo que tiene. Por eso mismo ha ido ganando popularidad en entornos empresariales y de desarrollo personal.

3. El eneagrama

El eneagrama es un test gratuito que clasifica diferentes tipos de personalidad en nueve categorías. Se basa en la idea de que cada grupo tiene una perspectiva única sobre el mundo y utiliza ciertos mecanismos de defensa y estrategias en sus recorridos vitales. Los nueve tipos se enumeran del 1 al 9 y se agrupan en tríadas según patrones emocionales. El eneagrama se utiliza principalmente para el crecimiento personal, pero también es posible encontrarlo en el ámbito empresarial.

Una vez llegados hasta aquí, espero que este apartado te haya servido para tener una idea más clara de quién eres en tu vida, qué deseas, qué es lo que hace que tu corazón se emocione y qué vas a pintar en ese lienzo en blanco que es tu futuro.

El autoconocimiento es absolutamente esencial para tomar nuestras decisiones de la mejor manera posible. Ahora guardaremos todo lo que hemos aprendido en un saquito para rescatarlo en los próximos apartados. Vamos a aterrizar todo esto en un ámbito más práctico y, en mi opinión, tremendamente emocionante: entender qué elecciones tenemos por delante y elegir entre este enorme reino de posibilidades.

Espero que encuentres ideas, perspectivas nuevas y todos los recursos necesarios para que puedas soñar sin límites y plantearte objetivos no conformistas. Nadie me va a bajar nunca del burro de que, con disciplina, valentía y determinación, no hay nada imposible. Ojalá esto haga que te contagies de esta convicción y la hagas tuya. Conseguir tus máximas ambiciones está cien por cien en tus manos.

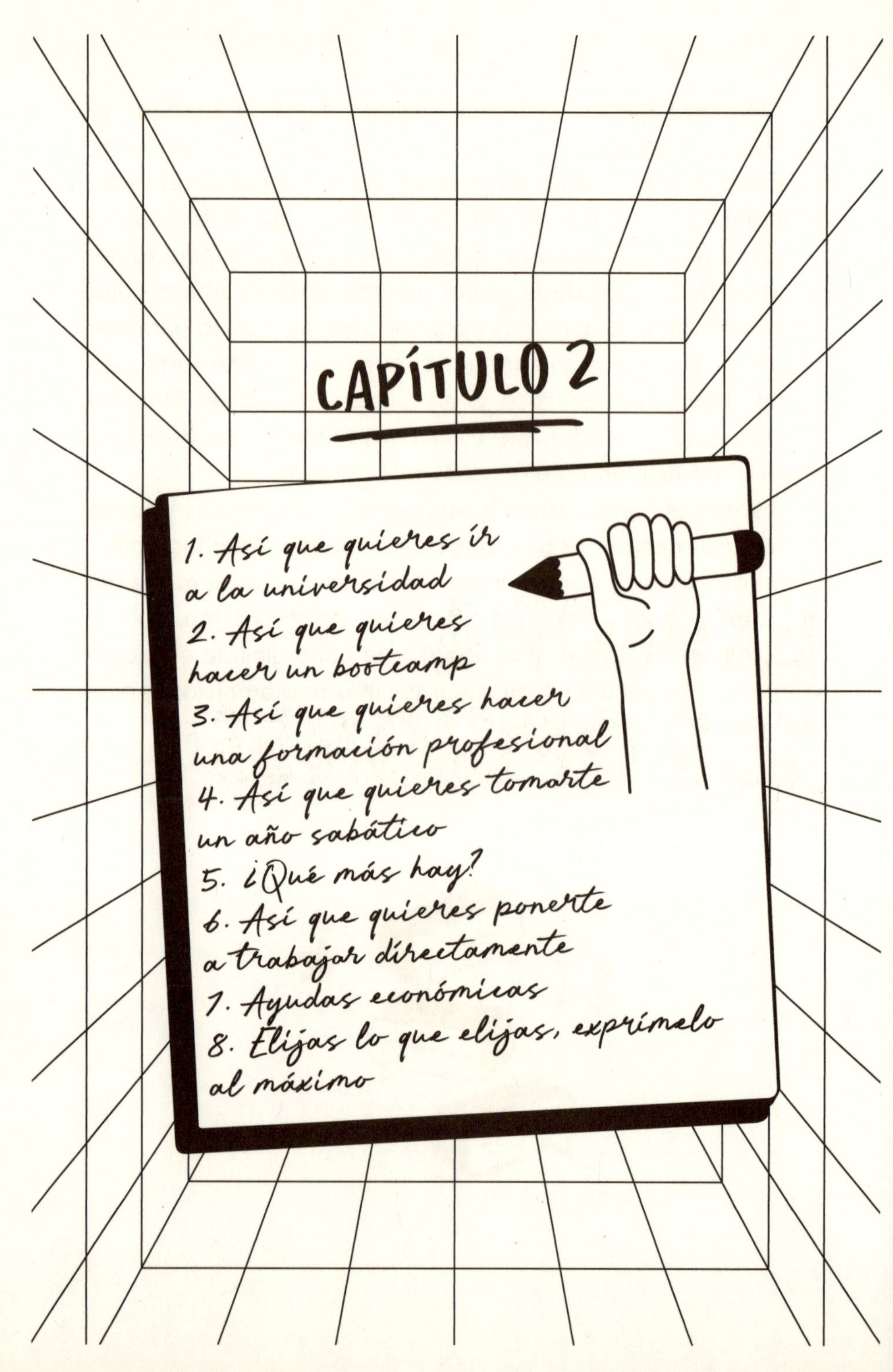
CAPÍTULO 2
1. Así que quieres ir a la universidad
2. Así que quieres hacer un bootcamp
3. Así que quieres hacer una formación profesional
4. Así que quieres tomarte un año sabático
5. ¿Qué más hay?
6. Así que quieres ponerte a trabajar directamente
7. Ayudas económicas
8. Elijas lo que elijas, exprímelo al máximo

EXPLORA TUS OPCIONES

«LAS LIMITACIONES SON SOLO PERCEPCIONES DE LO QUE PODEMOS LOGRAR. INCLUSO LA GENTE COMÚN PUEDE ALCANZAR LO EXTRAORDINARIO A TRAVÉS DE LA PASIÓN, LA DEDICACIÓN EXTREMA Y UNA INMENSA FE EN SÍ MISMA».[4]

ANDERS HOFMAN
(PRIMERA PERSONA EN COMPLETAR UN IRONMAN EN LA ANTÁRTIDA)

He visto gallineros más tranquilos que aulas de segundo de bachillerato a pocos meses de la selectividad (o EBAU o EVAU o PAU. ¿Podemos ponernos de acuerdo ya con un nombre?). Durante los últimos meses del curso, parece que el concepto de «salud mental» pasa a un segundo (o tercer o cuarto) plano y entre las paredes de los institutos se respira una mezcla de cortisol, sudor de estudiante estresado y café del malo. La Santísima Trinidad, vaya.

4. La cita original es en inglés: «Limitations are only perceptions of what we can achieve. Even the ordinary can achieve the extraordinary through passion, extreme dedication, and an immense belief in yourself».

Curiosamente, cuando preguntas a personas adultas cuál es la relevancia de la selectividad en su vida, te contestarán que no mucha. Pero son esos mismos adultos quienes te la pintan como que es la criba de tu vida. Recuerdo comentar esto con mi psicóloga por aquel entonces, la cual me dijo: «Adri, crecer es aprender a cerrar puertas». Y, de alguna forma, así es como elijo ver la selectividad. En lugar de verla como una contrincante que vencer, decido verla como una amiga que guía tu elección y te ayuda a acotar tus opciones para que elijas una puerta y cierres las demás. Y es que, curiosamente, tener menos opciones no es malo, más bien al contrario. Es lo que se conoce como la paradoja de la elección. Entender esa paradoja ha cambiado fundamentalmente cómo me enfrento a mis decisiones.

La teoría que acompaña a la paradoja de la elección (*The Paradox of Choice*) es un concepto desarrollado por el psicólogo Barry Schwartz. Escribió todo un libro sobre ello llamado *La paradoja de la elección: por qué más es menos,*[5] publicado en 2004. En él, Schwartz argumenta que tener un exceso de opciones disponibles, en lugar de aumentar la felicidad y el bienestar, te lleva a la insatisfacción y la parálisis a la hora de tomar decisiones.

De todos los experimentos que realizó Schwartz, el más conocido tal vez es el que se centró en la elección de mermeladas de un supermercado. Los investigadores presentaron a los participantes dos escenarios diferentes: en el primero mostraron una mesa con veinticuatro variedades diferentes de mermelada para que los consumidores pudieran probar y comprar. En el segundo, presentaron una mesa con solo seis variedades.

Vieron que el 60 % de los compradores se acercaban a probar las mermeladas en la mesa donde más tipos había, pero solo el 3 % acababan comprando. En cambio, el 40 % de los compradores

5. *The Paradox of Choice: Why More Is Less.*

se acercaron al puesto con seis tipos de mermelada, y el 30% de estos se llevaron una a casa. No solo compraban más donde menos opciones había, sino que, además, los pocos que compraron entre las veinticuatro mermeladas reportaron estar mucho menos satisfechos con su decisión que quienes compraron una de entre seis.

¿Cómo es posible? Porque **los humanos no somos tan racionales como nos gustaría y eso juega en nuestra contra**. Si lo vemos más en detalle, hay principalmente dos factores que influyen en esos resultados:

1. ¿Te ha pasado alguna vez que tienes tantas opciones que te acabas agobiando? Piensa en los menús de veinte páginas de algunos restaurantes, o tiendas de ropa en rebajas, o la infinidad de planes que tienes pendientes en vacaciones. A eso se le denomina **parálisis decisional**.

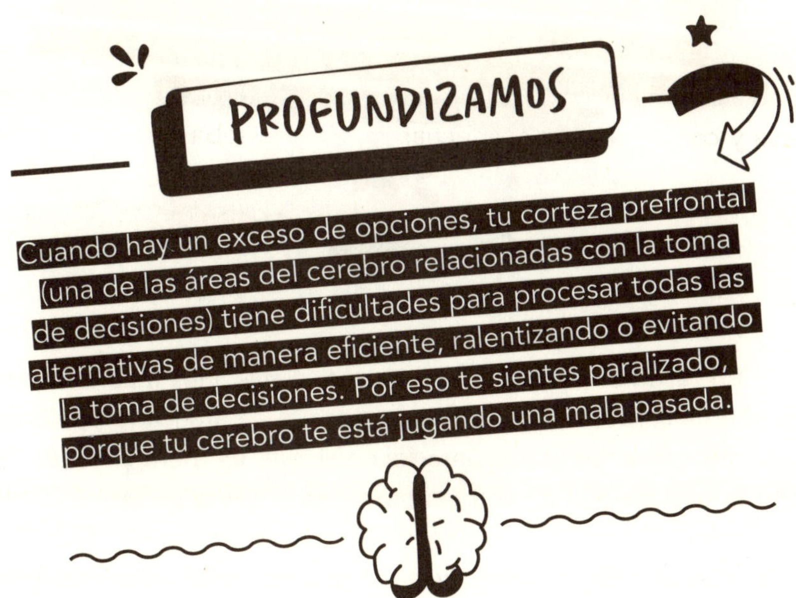

2. Tener tantas opciones disponibles causa otra emoción fea: el arrepentimiento. ¿Has salido alguna vez de una tienda pensando «debería haberme llevado el otro conjunto»? Yo, desde luego, sí. Y lo mismo les pasaba a los que elegían una mermelada de entre veinticuatro.

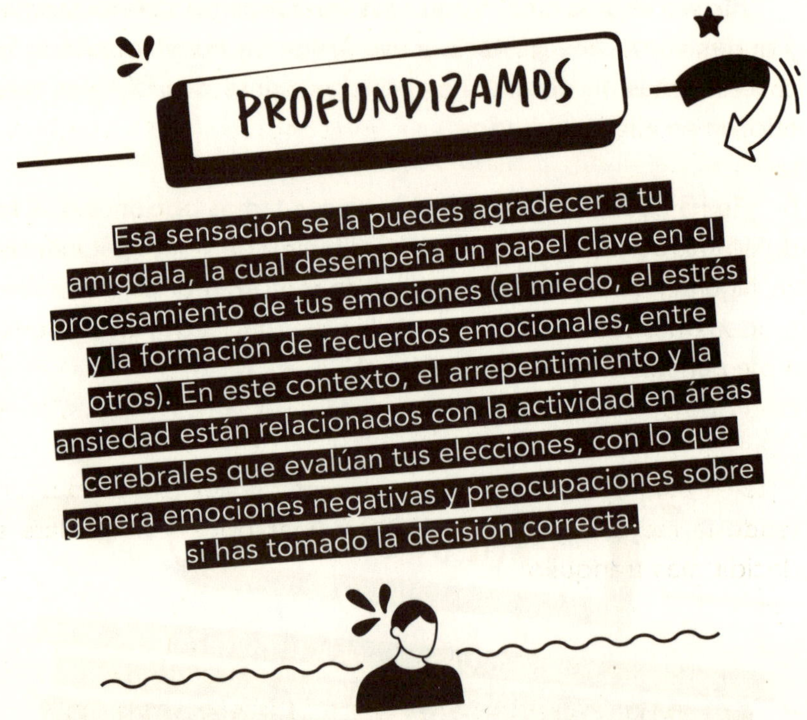

En resumen, una forma de tomar decisiones más efectivas (y simplificarnos así la vida) es reducir la cantidad de opciones que tenemos. Un poco paradójico sí que es, pero por eso tal vez la selectividad no sea tan mala como nos la pintan.

¿Te acuerdas de mi amigo Ígor, el que te conté en la presentación que decidió qué carrera estudiar tirando una moneda al aire? Hace poco coincidimos de nuevo y le conté que le había hecho caso y había incluido su anécdota en la introducción del libro. Me dijo: «Pero, Adri, si la incluyes tienes que explicar también el porqué, porque no fue algo casual. Limité drásticamente mis opciones a propósito para estar más contento con mi elección final. ¿Has oído hablar de la paradoja de la elección?».

Me encantaría decirte que esta conversación nunca existió y que me la he inventado porque me encajaba a la perfección con este capítulo, pero te prometo que fue tal cual. Ígor, eres oficialmente la primera persona que conozco que ha usado esa teoría tan al pie de la letra.

Estamos a punto de adentrarnos en una sección del libro donde exploraremos todas las opciones educativas a tu alcance. Y, a pesar de que sigo sin ser especialmente partidaria de tirar una moneda al aire para elegir qué hacer (aunque lo mismo comienzo a usarlo para mis próximas crisis existenciales), sí creo que es importante recordar que tener todas las opciones abiertas no hará que te sientas más satisfecho. Como hemos visto en este apartado, acotar las opciones que tienes, descartando la mayoría y centrándote en unas pocas, te ayudará a decidir más tranquilo.

1. ASÍ QUE QUIERES IR A LA UNIVERSIDAD

Mis primeros recuerdos de un campus universitario son de muchísimo antes de llegar a pisar uno como estudiante. Mi madre es profesora universitaria y, de pequeña, me solía colar en algunas de sus clases de Marketing. Por ese entonces yo debía tener unos seis o siete años, suficiente edad para quedarme calladita y sin molestar durante un par de horas, y eso que mis piececitos no llegaban al suelo cuando me sentaba en la silla.

Curiosamente, disfrutaba muchísimo de sus clases. Está claro que no me enteraba ni de la mitad, pero yo iba allí con toda mi buena voluntad; probablemente participaba más entonces de lo que participé durante mi propia carrera. De hecho, todavía tenemos por casa uno de los parciales que le contesté entonces (si pillas a mi madre con ganas de explicar sus batallitas, igual te lo enseña). Y, además, el resto de estudiantes del curso parecían entretenerse conmigo allí.

A partir de mi asistencia a esas clases, cada vez que un adulto me preguntaba qué quería ser de mayor, yo respondía: «Algo relacionado con el marketing». Respuesta que siempre parecía sorprender a mi interlocutor porque nueve veces de diez la pregunta que seguía era: «Pero ¿tú sabes lo que es el marketing?».

Te podrás imaginar que nunca jamás se me planteó otra opción que no fuese estudiar una carrera universitaria. Y mi experiencia va muy en línea con lo que se ve en España, donde la universidad es la opción educativa por excelencia. En el curso 2022-2023, el 85,2 % de los estudiantes optaron por hacer las pruebas de acceso a la universidad y es un porcentaje que lleva aumentando de forma sostenida desde hace varios años. Efectivamente, de los estudiantes que optan por hacer esas pruebas, casi la totalidad (el 95,2 %) acaban por matricularse en una carrera universitaria.[6]

Está claro que algo tiene la universidad, que sigue atrayendo a tanta gente y es la opción número uno de tantísimos estudiantes. Basándome en estos datos, entiendo que es muy probable que tú también te plantees seriamente esta opción principal. Así que vamos a analizarla desde todos sus ángulos y ver cómo exprimir al máximo esta elección.

6. Datos del Ministerio de Universidades (estudio 2022-2023).

¿Por qué seguir eligiendo la universidad?

Ninguna de las alternativas formativas que han aparecido con el paso de los años ha conseguido desbancar la universidad como opción preferida de los estudiantes. ¿Qué es lo que tiene la universidad que hace que se mantenga en cabeza?

Si damos un paso atrás y analizamos el recorrido académico de algunas de las personas más influyentes del mundo, vemos que algo que la gran mayoría de ellas tienen en común son sus estudios universitarios. La mayoría de los CEO del IBEX, de las Fortune 100 y de grandes empresas tecnológicas cuentan con carrera universitaria. Incluso en el caso de directivos de renombre que no tienen título universitario suele ser porque dejaron su carrera a medias, no porque nunca pisaran la universidad.

Otro dato interesante que tener en mente para este grupo es que el tipo de universidad parece importar menos. En el caso de los directivos del IBEX, la mayoría se sacaron la carrera en universidades públicas.

Asimismo, por regla general, cuanto mayor es el nivel de formación, más alto es el salario.[7] En 2022, el 41,9% de las personas con un nivel de estudios bajo (como máximo habían terminado la enseñanza obligatoria) ganó un sueldo inferior a 1.440€.

Para las personas que contaban con educación secundaria, el resultado fue muy parecido: el 38,8% de ellas percibió un salario bajo.

Para aquellos que cuentan con estudios superiores, el porcentaje de los que ganaron un salario bajo fue solo un 18%. Casi la mitad (el 49,5%) tuvo salarios en el tramo mayor (es de-

7. Datos de la encuesta de estructura salarial cuatrienal del Instituto Nacional de Estadística (2014).

cir, que ganó 2.373€ o más al mes). En cambio, solo el 16,9% de los que tenían estudios medios y el 9% con nivel de estudios bajos superó ese nivel salarial.[8]

Además, si hacemos una lista con las profesiones mejor pagadas, veremos que muchas de ellas requieren por ley el título universitario. Piensa en abogados, médicos, ingenieros, farmacéuticos...

Finalmente, si lo miramos a través de la óptica del desempleo, la categoría con menos paro y con mayor tasa de actividad ha sido siempre aquella con estudios superiores.[9]

Vaya, que no es de extrañar que la universidad siga siendo la opción educativa más popular entre los graduados de bachillerato.

Elegir universidad

Seguramente hayas oído a alguien decir la mítica frase de «Mis años universitarios fueron los mejores de mi vida». Es una frase que a título personal me gusta muy poco, ya que suelo evitar a toda costa la mentalidad de que lo mejor de mi vida se ha quedado en el pasado. Pero entiendo a qué se refiere.

Para muchos, comenzar la carrera universitaria supone cambiar de aires completamente. Es una oportunidad perfecta para redefinirte; nadie te conoce y puedes cambiar la reputación que tenías en el colegio. ¡Qué emocionante elegir de nuevo cómo presentarte! Algunos dejarán por primera vez el nido familiar y se verán en la aventura de buscar compañeros de piso en una ciudad nueva.

8. Datos de la encuesta de población activa del Instituto Nacional de Estadística (2023).
9. Datos de la encuesta de estructura salarial cuatrienal del Instituto Nacional de Estadística (2014).

Si ya estás seguro de que quieres ir a la universidad, el primer paso es entender cómo se entra. Tengo clarísimo que es algo que ya sabrás de sobra porque te lo habrán explicado en clase, lo habrás oído de tus padres y lo habrás comentado con tus amigos. Sin embargo, por explicar todas las opciones de forma equitativa, voy a suponer que partimos de cero en esto y que eres un estudiante español (me sería imposible contemplar todas las nacionalidades). Además, si hay algo en lo que no faltan opciones es en universidades disponibles. Así pues, la primera pregunta que debes hacerte va a ser:

¿Cuáles son tus prioridades?

No me voy a poner yo a dar consejos amorosos (suficiente tengo con dar consejos profesionales), pero escoger universidad no es tan diferente de elegir pareja. **Una universidad puede ser muy buena, pero no tiene por qué ser un *match* para ti.** Para que tengas claro qué es lo que buscas en tu universidad ideal, te propongo el siguiente ejercicio. De las categorías a continuación, puntúa del 1 al 5 cómo de importante es cada una para ti (1 muy poco importante, 2 poco importante, 3 más o menos importante, 4 importante y 5 muy importante).

	1	2	3	4	5
Reputación y excelencia académica					
Posibilidad de compaginar la carrera con trabajo					
Enfoque práctico					
Enfoque en investigación					
Posibilidad de prácticas					
Posibilidad de Erasmus e intercambio					
Diversidad de organizaciones de estudiantes					
Diversidad de alumnos					
Cultura universitaria/ diversión					
Empleabilidad e incorporación laboral					
Acceso a red de contactos/*networking*					
Ubicación concreta					

Retomando la analogía de encontrar pareja, va a ser bastante difícil que haya una universidad perfecta que cumpla con absolutamente todos los requisitos, pero te ayudará a discernir qué es lo importante para ti y qué es facultativo.

TRUCO DE PRO

Toma nota de aquello que has puntuado con un 4 o un 5, que supuestamente es lo más importante para ti, y pídele a Gemini (antes llamado Bard) o ChatGPT que te genere una lista de universidades en la localización de tu elección que cumplan con esos requisitos. Recuerda siempre revisar los resultados para asegurarte de la veracidad de estos. Además, no dudes en realizar tú también tus propias investigaciones.

Hay una gran variedad de *rankings* universitarios disponibles. Por ejemplo, estos son algunos de los más conocidos (además puedes filtrar en qué áreas concretas destaca cada universidad):

- **RANKING: portal web español que compara 3.575 grados oficiales de 72 universidades. Ofrece información sobre notas de corte, precios e inserción laboral de las titulaciones.**

- **U-Multirank:** **portal web europeo que compara universidades según una serie de indicadores, como la investigación, la docencia, la internacionalización y la inclusión.**

- **Shanghai Ranking:** **también conocido como *Academic Ranking of World Universities* (ARWU), es uno de los *rankings* universitarios más conocidos. Es publicado anualmente por la ShanghaiRanking Consultancy, una organización independiente dedicada a la investigación en educación superior.**

En el momento en que escribo esto, la última actualización de ChatGPT solo tiene acceso a internet hasta enero de 2022. Para este caso concreto, recomendaría que usaras Gemini, el cual tiene acceso a internet en tiempo real, la posibilidad de resumirte páginas web y contrastar la información en Google.

Finalmente, haz una lista de unas diez o quince universidades que hayas revisado que sean potentes en las áreas que has elegido como prioritarias.

Contactar con el alumnado

Mucha gente se queda aquí con su análisis, pero vamos a ir un paso más allá. Una cosa es lo que pone en internet y la otra lo que opinan los alumnos que lo han vivido en primera persona. Y esto no es solamente aplicable a la universidad, sino que te recomiendo que intentes contactar con gente que ya ha vivido en muchos otros ámbitos la experiencia que tú estás a punto de vivir. ¿Estás pensando hacer un curso que vaya a requerir una inversión? ¿En postular a empresas? ¿Quieres vivir una experiencia, pero no conoces a nadie que lo haya hecho antes? Para todo eso, contacta a alguien por LinkedIn que ya haya pasado por ahí.

Con el objetivo de contrastar experiencias universitarias, recomiendo contactar con dos tipos de alumnos: los que están cursando actualmente la carrera y los que la han terminado hace unos años. El primer grupo va a contarte su experiencia «en directo», mientras que el segundo te puede dar información con un poco más de perspectiva. Además, estos últimos te sabrán decir qué influencia tuvo la universidad en su situación actual de búsqueda de trabajo. Evidentemente, este truco no es solo por si quieres ir a la uni, sino que se puede aplicar para cualquier tipo de opción formativa que tengas en mente.

TRUCO DE PRO

A lo mejor conoces a algunas de las personas a las que quieres contactar, pero es muy probable que tengas que hablar con desconocidos. Para ello, LinkedIn es una herramienta fantástica. Te propongo que sigas estos pasos:

1. **Ve a la página de LinkedIn de la universidad que te interesa.**
2. **Selecciona el apartado de «Alumni» de la universidad.**
3. **Filtra por los años que te interesen.** Por ejemplo, un estudiante que se graduó hace unos años probablemente estudió ahí del 2017 al 2021, mientras que uno que sigue estudiando ahí comenzó como mucho en 2019-2020.

Verás que puedes incluso filtrar por dónde trabajan o dónde viven actualmente, en caso de que esos datos sean relevantes para ti. Por ejemplo, si tienes clarísimo que tu sueño es trabajar en un área o empresa en concreto, te animo a que contactes con exalumnos que están donde tú quieres estar en un futuro. No solo comenzarás a crear conexiones desde ya, sino que te darán información realmente relevante para tu caso.

A lo largo de tu carrera profesional vas a tener que contactar con mucha gente a puerta fría[10] y a lo mejor hasta le acabas pillando el gustillo. La forma más sencilla y profesional de hacerlo es, de nuevo, a través de LinkedIn. Después de encontrar a la persona a la que quieres contactar, envíale una petición de amistad personalizada, a la que le añadirás tu mensaje. Y si es la primera vez que tienes que hacerlo y te da corte, o no sabes muy bien qué decirle, te recomiendo esta estructura:

- **Saluda y preséntate brevemente**
- **Explica el motivo de contacto**
  Aprovecha para detallar por qué contactas con esa persona en concreto. ¿Qué es lo que te ha llamado la atención de su perfil de LinkedIn para que te decidieras a escribirle?
- **Acaba el mensaje con una petición sencilla, fácil de responder**
  Evita a toda costa cerrar el mensaje pidiendo consejos generales o «que te cuenten su experiencia». Cuando hacemos un contacto en frío, primero tenemos que ganarnos el derecho a hacer preguntas que requieran un esfuerzo considerable de respuesta. Ponte en su lugar, recuerda

10. «Contactar con alguien a puerta fría» significa aproximarse a una persona (o empresa) sin previo aviso ni relación establecida. Es un término que escucharás mucho en ventas o marketing.

que es alguien que hasta hace dos minutos no sabía de nuestra existencia. Si ve tu mensaje y lo primero que piensa es: «Uy, qué pereza contestarlo», probablemente nunca lo haga.

Opta por acabar tu mensaje con peticiones sencillas, de esas que se puedan contestar desde el móvil en pocos minutos. El objetivo no es que esa persona te resuelva todas tus dudas desde el primer mensaje, sino simplemente ganarte el derecho de preguntarle por su experiencia. Una fórmula que me gusta mucho por su sencillez es acabar preguntando por dos opciones o con una pregunta de sí o no. Por ejemplo: «¿Mejor la rama de marketing digital o de empresa?» o «Elijo estas asignaturas, ¿sí o no?».

Y, si todo lo anterior te suena muy bonito, pero tú lo que quieres es una plantilla, te la comparto a continuación. Adáptala como te venga mejor.

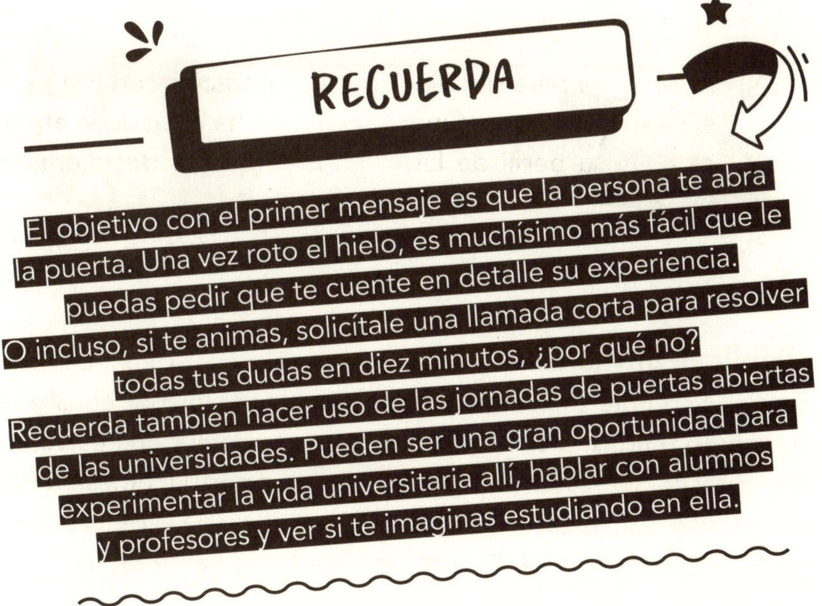

SALUDO

BREVE INTRODUCCIÓN

¡Hola, ___!

Soy ___, y actualmente estoy estudiando segundo de bachillerato. Te escribo porque me encuentro ahora mismo valorando qué universidades escoger y una de ellas es ___. Estaba buscando exalumnos/alumnos de esa uni por LinkedIn y me he animado a escribirte porque he visto en tu perfil que fuiste muy activo en organizaciones de estudiantes/te especializaste en ___, que es un área que también me interesa mucho/estás trabajando en ___, y es una empresa con la que sueño en trabajar/fuiste un alumno con un expediente excelente/etc.

En general, ¿te gustó la uni?/¿Es una uni que recomendarías?/ Para tu primer trabajo, ¿te sirvió más tu experiencia en esta organización de estudiantes o los conocimientos de las asignaturas?

¡Muchísimas gracias de antemano por tu tiempo!

MOTIVO DE CONTACTO

TODAS ESTAS SON PREGUNTAS DE SÍ O NO O DE A O B, CONTESTABLES EN UN MOMENTO

EXPLICACIÓN DE POR QUÉ CONTACTAS CON ESA PERSONA, DANDO DETALLES ESPECÍFICOS QUE DEMUESTREN QUE TE HAS LEÍDO SU PERFIL

¿Pública o privada?

En tu búsqueda de universidades, es probable que en algún momento tengas que decidir si quieres considerar una universidad pública o privada. Aunque el aspecto principal de esa decisión es el económico, hay otras variables que vale la pena tomar en consideración y que te comparto en la siguiente tabla.

FACTORES A TENER EN CUENTA	UNIVERSIDADES PÚBLICAS	UNIVERSIDADES PRIVADAS
COSTE Y FINANCIACIÓN	Las matrículas suelen ser considerablemente más bajas, dado que las universidades públicas cuentan con ayudas del Estado. Existen becas y ayudas financieras.	Al no contar con ayudas del Estado, el estudiante asume el coste completo de la matrícula. Existen becas y ayudas financieras.
RECURSOS Y TAMAÑO	Suelen ser de tamaño grande, con más estudiantes, lo que hace que cuenten con instalaciones variadas y amplia gama de actividades extracurriculares, pero también con aulas más grandes (y más alumnos por aula).	Suelen tener un tamaño más pequeño, lo que les permite tener atención más personalizada y clases más pequeñas. Muchas invierten en instalaciones vanguardistas.
REPUTACIÓN Y PRESTIGIO	Varían según el programa y especialización.	Suelen tener una reputación sólida en áreas específicas.

FACTORES A TENER EN CUENTA	UNIVERSIDADES PÚBLICAS	UNIVERSIDADES PRIVADAS
CULTURA Y AMBIENTE	Tienden a ser más diversas y reflejar la población en general, ofreciendo una amplia variedad de perspectivas.	Pueden tener un ambiente más elitista y a veces una población estudiantil más homogénea.
RED DE CONTACTOS Y OPORTUNIDADES DE CARRERA	Al tener más estudiantes, la red de contactos puede ser más extensa. Sin embargo, la competencia puede ser más intensa.	Pueden ofrecer conexiones sólidas con la industria y oportunidades de empleo exclusivas.
ENFOQUE ACADÉMICO	Suelen ofrecer una amplia variedad de programas académicos.	Suelen ser más conocidas por tener programas más especializados y enfoques académicos específicos.

Vías de acceso

La inmensa mayoría de los estudiantes entran en las universidades públicas españolas a través de las pruebas de acceso a la universidad y ahí poco puedo decirte más que ¡mucho ánimo! y darte una palmadita virtual en la espalda. Pero existen otras vías de acceso a la universidad.

- **Prueba de acceso a la universidad:** la opción más común. Hay que realizar exámenes en asignaturas comunes y específicas de la rama de conocimiento de tu interés.
- Si optas por esta vía de ingreso, esta es la cronología que a día de hoy debes tener en mente. Claro está, te recomiendo que revises por tu cuenta los plazos y fechas límite, por si algo ha cambiado desde que el libro fue publicado.

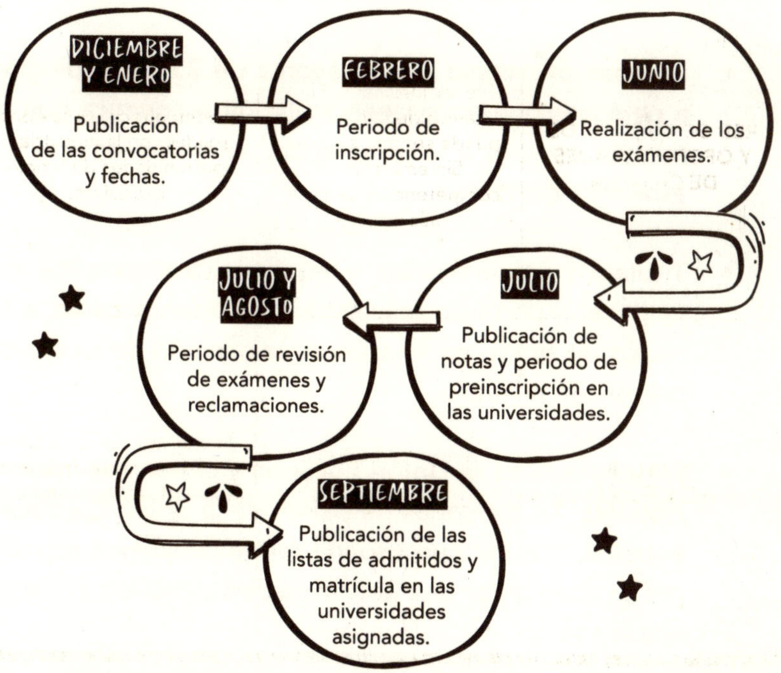

Como sabrás, la forma de gestionar la demanda de los grados en universidades públicas es a través de las notas de corte. Esta es determinada por la nota del último estudiante que es aceptado en ese grado. Las notas de corte de años pasados no predicen de forma certera cuál será la nota de corte de años futuros, pero sí pueden servir como una estimación de cuán competitivo y solicitado es un grado en concreto.

Aquí te muestro las otras vías que también vale la pena explorar.

- **Ciclos formativos de grado superior:** si has cursado un ciclo formativo de grado superior, puedes acceder a la universidad directamente con la nota media del ciclo. Esta nota se calcula sumando las calificaciones de las asignaturas del ciclo y dividiendo por el número de las mismas. Y si quieres acceder a una carrera con nota de corte alta es recomendable que prepares la fase voluntaria de la EBAU.

- **Pruebas de acceso para mayores de 25 años:** dirigidas a personas que no poseen titulación académica que les permita acceder a la universidad. Se realiza una prueba específica de acceso.

- **Titulados universitarios o equivalentes:** aquellos que ya poseen un título universitario pueden acceder a estudios de grado en función de la afinidad de su carrera previa con la nueva.

- **Estudiantes de la Unión Europea y convenios internacionales:** las personas de países de la Unión Europea o aquellos con los que España tenga convenios específicos pueden acceder a la universidad cumpliendo ciertos requisitos.

- **Pruebas de acceso específicas:** algunas carreras o universidades pueden tener pruebas específicas adicionales para evaluar habilidades y conocimientos relacionados con el programa de estudios. Se suelen ver mucho en universidades privadas.

Universidades en el extranjero

A lo largo de los años, he escuchado a incontables alumnos obviar la opción de estudiar fuera de España antes siquiera de considerarla en profundidad. La reputación de ser una opción cara y complicada la precede y eso hace que no se explore mucho. Si bien es cierto que de no contar con becas algunos de los sistemas universitarios extranjeros son prohibitivos, también existen opciones mucho más accesibles de lo que imaginas. El objetivo de esta sección es ir un paso más allá de los rumores que existen sobre esto y explorar algunas de las opciones por nuestra cuenta. Entrar a ver en detalle los sistemas educativos de todos los países daría para otro libro entero, por lo que, más que una guía exhaustiva, esto pretende proporcionarte un punto de arranque para que sepas por dónde empezar. A continuación te comparto los principales recursos que necesitas conocer de algunos de los países que más acostumbrados están a recibir estudiantes extranjeros: Reino Unido, Irlanda, Alemania, Estados Unidos y Francia.

PARA REINO UNIDO

RECURSOS

- UCAS:[11] plataforma central para acceder a la mayoría de los cursos de pregrado en el Reino Unido. Encontrarás consejos de cara a la admisión e información sobre carreras y universidades del país.
- The Complete University Guide:[12] ofrece clasificaciones detalladas de universidades y programas en el Reino Unido, así como información sobre la calidad de la enseñanza, instalaciones y empleabilidad de los graduados.

PASO A PASO

El proceso para ingresar en universidades del Reino Unido es bastante diferente al que estamos acostumbrados en España. Allí se comienza a postular meses antes de siquiera tener las notas de los exámenes de acceso. Además, tu entrada dependerá de más variables aparte de tus notas.

- **ETAPA PREPARATORIA**

  - Investiga y elige qué carreras te interesan, verifica requisitos de ingreso y comienza a preparar los documentos que te piden.

  - Puedes elegir hasta cinco opciones, las cuales pueden ser:
    - · Cinco universidades diferentes para la misma carrera.
    - · Cinco carreras diferentes en la misma universidad.
    - · Una combinación de lo anterior.

  - Es importante tener en cuenta que solo puedes aplicar a Oxford o Cambridge, no a ambas a la vez.

11. https://www.ucas.com/
12. https://www.thecompleteuniversityguide.co.uk/

ENVÍO DE SOLICITUD

- Las solicitudes se envían con varios meses de antelación. Para que te hagas una idea, el plazo de solicitud para el curso 2024-2025 fue el 15 de octubre de 2023. Puedes enviar tu solicitud a través de la web de la UCAS.
- La solicitud incluye los siguientes documentos:
    - Información personal: nombre, dirección, fecha de nacimiento y nacionalidad.
    - Información académica: historial académico y las calificaciones que esperas obtener en tu último año de estudios.
    - Carta de motivación: por qué quieres estudiar en la universidad y en el programa de estudio que has elegido.
    - Recomendaciones: escritas por profesor o tutor que te conozca bien.
    - Algunas universidades del Reino Unido pueden solicitar pruebas adicionales, como un examen de acceso o una entrevista.

RESPUESTA DE LAS UNIVERSIDADES

- Las universidades revisarán tu solicitud y sobre diciembre o enero decidirán si te hacen una oferta de plaza.
- Si te hacen oferta, tendrás que decidir si la aceptas.

ENTREGA DE LOS DOCUMENTOS (en caso de aceptar la plaza)

- Tienes de plazo hasta junio del año de inicio del curso.
- Certificado de bachillerato o equivalente.
- Traducción jurada del certificado de bachillerato o equivalente.
- Prueba de nivel de inglés.
- Otros documentos, según los requisitos de la universidad.

OTROS DATOS DE INTERÉS

- Desde el Brexit, las matrículas se han encarecido para estudiantes europeos. Ahora, se nos aplican las tasas de alumnos internacionales. Pueden variar mucho según la universidad, por lo que te animo a que lo consultes directamente en su página web.

PARA IRLANDA

RECURSOS

- CAO:[13] sistema central para la solicitud de cursos de pregrado en Irlanda. Proporciona información sobre programas, requisitos de admisión y el proceso de solicitud.
- Education in Ireland:[14] portal sobre la educación superior en Irlanda. Ofrece recursos para estudiantes internacionales como programas, costes y becas.

PASO A PASO

- **ETAPA PREPARATORIA**

  - Investiga y elige qué carreras te interesan, verifica requisitos de ingreso y comienza a preparar los documentos que te piden.
  - En la plataforma, podrás elegir hasta diez opciones.

- **ENVÍO DE SOLICITUD**

  - El plazo de solicitud para el curso 2024-2025 terminó el 1 de febrero de 2023. Puedes enviar tu solicitud a través de la web de la Central Applications Office (CAO).
  - La solicitud incluye los siguientes documentos:
    · Información personal: nombre, dirección, fecha de nacimiento y nacionalidad.
    · Información académica: historial académico y las calificaciones que esperas obtener en tu último año de estudios.
    · Carta de motivación: por qué quieres estudiar en la universidad y en el programa de estudio que has elegido.
    · Recomendaciones: escritas por un profesor o tutor que te conozca bien.
    · Algunas universidades irlandesas pueden solicitar pruebas adicionales, como un examen de acceso o una entrevista.

- **RESPUESTA DE LAS UNIVERSIDADES**

  - Suelen responder a las solicitudes entre abril y mayo.
  - Si recibes una oferta de plaza, deberás aceptarla o rechazarla antes de la fecha límite que establezca la universidad y adjuntar los documentos solicitados.

- **OTROS DATOS DE INTERÉS**

  - En Irlanda, la mayoría de los títulos de grado son gratuitos para los ciudadanos de Irlanda, los países de la UE y Suiza. Los costes están cubiertos por la Autoridad de Educación Superior (HEA o *High Education Authority*).
  - Para beneficiarte de esta iniciativa, debes solicitar el programa de financiación del Gobierno y demostrar que reúnes los requisitos. No cumples los requisitos si ya tienes un título universitario de grado o posgrado o si estás repitiendo un año de estudios.

13. https://www.cao.ie/
14. https://www.educationinireland.com/

PARA ALEMANIA

RECURSOS

- Uni-Assist[15] es la organización encargada de evaluar y procesar las solicitudes de estudiantes internacionales para la mayoría de las universidades alemanas. Su sitio web proporciona detalles sobre el proceso de solicitud.
- La web gestionada por la Conferencia de Rectores de las Universidades Alemanas (HRK)[16] proporciona información sobre estudiar en Alemania, incluyendo programas de estudio, requisitos y vida estudiantil.

PASO A PASO

- **ETAPA PREPARATORIA**

  - El proceso de solicitud para universidades alemanas es diferente al del Reino Unido o Irlanda. En Alemania, las universidades tienen su propio sistema de admisión, por lo que debes presentar tu solicitud directamente en la que quieres ingresar. No hay un máximo de opciones seleccionables.
  - Investiga sobre las universidades y programas de estudio que te interesan.
  - Asegúrate de cumplir con los requisitos de admisión, como por ejemplo tener un bachillerato o equivalente y demostrar el nivel de alemán necesario.

- **ENVÍO DE SOLICITUD**

  - El plazo de solicitud para el curso 2024-2025 varía según la universidad. Puedes encontrar información sobre los plazos de solicitud en las páginas web de las universidades.
  - La solicitud incluye los siguientes documentos:
    - Información personal: nombre, dirección, fecha de nacimiento y nacionalidad.
    - Información académica: historial académico y las calificaciones que esperas obtener en tu último año de estudios.
    - Certificado de bachillerato o equivalente junto con su traducción jurada.
    - Prueba de nivel de idioma.

- **RESPUESTA DE LAS UNIVERSIDADES**

  - Las universidades suelen responder a las solicitudes entre abril y mayo.
  - Si recibes una oferta de plaza, deberás aceptarla o rechazarla antes de la fecha límite que establezca la universidad.

- **OTROS DATOS DE INTERÉS**

  - Por norma general, la matrícula en las universidades públicas alemanas es gratuita para estudiantes europeos. Solo pagarás una tarifa administrativa que ronda los 300 € al semestre.

15. https://www.uni-assist.de/en/
16. https://www.hochschulkompass.de/

PARA ESTADOS UNIDOS

RECURSOS

- Common App[17] es una plataforma que permite a los estudiantes postularse a más de novecientas universidades y colegios en Estados Unidos con una sola solicitud.
- Education USA[18] es un recurso oficial para estudiantes internacionales que los conecta con instituciones estadounidenses acreditadas y los asiste durante todo el proceso de solicitud.

PASO A PASO

- **ETAPA PREPARATORIA**

  - Investiga sobre las universidades y programas de estudio que te interesan.
  - Asegúrate de cumplir con los requisitos de admisión.
  - Aparte de tus notas, la mayoría de las universidades en Estados Unidos tienen en cuenta muchos más parámetros. Cosas como tus extracurriculares, tu currículum, tus cartas de motivación y tus cartas de recomendación van a tener mucho peso, por lo que si te planteas estudiar ahí planifica estratégicamente qué hacer con tu tiempo libre.

- **ENVÍO DE SOLICITUD**

  - Crea tu cuenta en Common App o Coalition Application,[19] que son las plataformas usadas por la mayoría de las universidades estadounidenses para procesar las solicitudes de admisión.
  - Hay tres tipos de solicitud que puedes presentar:
    - Early Decision (decisión anticipada): solo puedes postular a una universidad, recibirás una oferta vinculante (es decir: si te cogen, tienes que aceptarla), la fecha límite para postularte es generalmente sobre octubre o noviembre. Ventajas de escoger esta opción: la universidad sabe que la estás escogiendo como única opción y reconoce tu compromiso. Desventajas: cierras las puertas a otras universidades y tienes que preparar tu solicitud antes.
    - Early Action (acción anticipada): puedes aplicar a múltiples universidades, no hay ofertas vinculantes y las fechas límite estarán en torno a octubre y diciembre. Ventajas: la universidad te da respuesta antes y puedes tener mayores posibilidades de aceptación. Desventajas: bastante competitivo y tendrás que preparar tu solicitud antes.
    - Regular Decision (decisión estándar): puedes aplicar a múltiples universidades, no hay ofertas vinculantes, las fechas límite estarán en torno a enero y marzo. Ventajas: tienes más tiempo para prepararte. Desventajas: es mucho más competitivo y las posibilidades de aceptación pueden ser más bajas.

17. https://www.commonapp.org/
18. https://educationusa.state.gov/
19. https://www.coalitionforcollegeaccess.org/

- De todos los procesos que hemos visto hasta ahora, este es probablemente el más completo, por lo que si te interesa te recomiendo ponerte a investigarlo a fondo por tu cuenta. De forma resumida, estos son algunos de los campos a rellenar:

    · Información personal: nombre, dirección, fecha de nacimiento y nacionalidad.
    · Información académica: historial académico y las calificaciones que esperas obtener en tu último año de estudios.
    · Carta de motivación: por qué quieres estudiar en la universidad y en el programa de estudio que has elegido.
    · Recomendaciones: escritas por un profesor o tutor que te conozca bien.
    · Resultados de los exámenes estandarizados como el SAT o el ACT, los cuales evalúan lectura, escritura, matemáticas y ciencias. Algunas universidades exigen estos exámenes, mientras que otras los ponen como optativos. Dependerá de qué carrera quieres cursar y a qué universidades tienes en mente postular.
    · Otros documentos requeridos por la universidad. Pueden incluir ensayos, cartas de recomendación adicionales o portafolios.
    · También encontrarás una sección llamada «Actividades y Distinciones» (Activities & Honors), en la cual podrás detallar diez actividades que has hecho y cinco distinciones que has tenido que aporten solidez a tu candidatura. Esto no lo obtendrás de la noche a la mañana, por eso es tan importante que planifiques esto con cabeza en la fase preparatoria. Algunos ejemplos de actividades que puedes incluir podrían ser culturales, académicas, deportivas, de voluntariado, medioambientales y aquellas en las que hayas demostrado habilidades de liderazgo.
    · Si eres un estudiante extranjero, necesitarás demostrar tu nivel de inglés mediante una prueba de idioma, como el TOEFL o el IELTS.

• **RESPUESTA DE LAS UNIVERSIDADES**

La fecha en la que la universidad te va a contestar va a depender del tipo de solicitud que escogiste. Los estudiantes que este año escogieron la Early Decision y Early Action obtuvieron respuesta antes de febrero. Los que escogieron la Regular Decision la obtuvieron en mayo.

• **OTROS DATOS DE INTERÉS**

La matrícula de las universidades estadounidenses puede ser muy elevada para estudiantes internacionales. Tanto si la universidad es pública como si es privada, puedes presupuestar de unos 10.000 $ a unos 70.000 $. Aquí mi consejo es que te pongas a investigar a fondo las becas que tienes a tu disposición para las universidades y los grados que te interesan.

PARA FRANCIA

RECURSOS

- Étudiant[20] es una web que sirve de guía completa para estudiantes internacionales que desean estudiar en Francia. Ofrece información sobre universidades, programas de estudio, visas y vida estudiantil.
- Si eres de la Unión Europea, la plataforma que gestiona el acceso a las universidades francesas es Parcoursup.[21]

PASO A PASO

- **ETAPA PREPARATORIA**

  - Investiga sobre las universidades y programas de estudio que te interesan. En la plataforma, podrás seleccionar hasta un máximo de diez opciones.
  - Asegúrate de cumplir con los requisitos de admisión, como por ejemplo tener un bachillerato o equivalente y demostrar el nivel de francés necesario.

- **ENVÍO DE SOLICITUD**

  - Crea tu cuenta en Parcoursup, la plataforma desde la que se gestiona el proceso de solicitud para universidades.
  - Para que te hagas una idea, el plazo de solicitud para el curso 2023-2024 fue del 18 de enero al 8 de marzo de 2023.

- **RESPUESTA DE LAS UNIVERSIDADES**

  - Varía según el año. Para el curso 2023-2024, se publicaron las primeras decisiones de admisión el 1 de junio de 2023.

- **OTROS DATOS DE INTERÉS**

  - Por norma general, si eres un estudiante europeo, la matrícula en las universidades públicas francesas es muy baja, ronda los 170 €.

20. https://www.coalitionforcollegeaccess.org/
21. https://www.parcoursup.fr/

TRUCO DE PRO

Cuando estés buscando más información, recuerda que el título de grado se traduce en inglés como *undergraduate degree*. Los *graduate degrees* serían el equivalente a los másteres.

Como muchos otros de mi generación, crecí con los libros y películas de Harry Potter y esa fue mi primera aproximación al sistema escolar inglés. Vale, vale, es probable que no me diese la imagen más fidedigna, pero en algún rincón de mi mente se albergaba la esperanza de estudiar en un colegio parecido a Hogwarts algún día. Y, aunque no recibí mi carta de acceso a Hogwarts a los doce, sí tuve la oportunidad de visitar el campus de Oxford a los dieciséis. Fue poner un pie ahí y no sé si fue el ambiente académico, la arquitectura gótica, las bibliotecas misteriosas o las calles empedradas, pero la ciudad entera me robó el corazón. Pasaron los años y llegó el momento de ponerme a postular a universidades de *muggle*. Comenzaba a escuchar las opciones de otros compañeros de clase, cada uno soñando con los años que le esperaban, y mi corazoncito me pedía que le diese una oportunidad a eso de estudiar en Oxford. Así que comencé a informarme sobre el proceso y a recopilar todos los papeles que me pedían. Y una vez que lo tuve todo organizado y subido a la plataforma de aplicación... no le di a enviar.

Todavía me pregunto qué fue lo que me frenó tan en seco. Ahora que lo veo con perspectiva, tengo claro que eran muchos miedos (algunos razonables, otros menos) disfrazados de excusas. Perderme la adolescencia de mi hermano, seguir viendo a mis amigos, estudiar en castellano por primera vez (había estudiado en un colegio francés)...

En fin, que no lo hice. Nunca sabré si hubiese llegado a cumplir o no ese sueño de estudiar en Reino Unido, pero ¿has oído eso de «Inténtalo, el "no" ya lo tienes»? Pues yo ni siquiera me di la oportunidad de ser rechazada. Nunca llegué a saber si hubiese podido entrar, nunca llegué a tener conversaciones sobre cómo pagarlo y nunca me di el lujo de valorar mis opciones. Todo porque nunca le di al botón de enviar.

Ahora lo miro con mayor perspectiva y pienso que **si hay alguna idea que te ronda la cabeza, pero no tienes muy claro si va a germinar, riégala y a ver qué pasa**. Ya se encargará el mundo de intentar pararte los pies; no seas tú quien te frenes.

Universidades y grados «alternativos»

Así como todos conocemos los grados universitarios más tradicionales, también te quiero hablar de dos opciones universitarias que, dentro de «lo estándar» de la universidad, se salen de la norma: Minerva y el grado LEINN.

Minerva

Imagina una universidad donde los estudiantes cambian el campus físico por la oportunidad de residir junto con sus compañeros en diferentes ciudades por todo el mundo. Y, en lugar de ir a clases presenciales, participan en clase y se comunican con sus profesores a través de una plataforma virtual, que ya de por sí ha sido diseñada para facilitar la interacción y el aprendizaje. Además, cambian los exámenes tradicionales por proyectos y hay mucho espacio para que personalices y adaptes tu propio plan educativo según tus intereses.

Pues así es Minerva,[22] una universidad fundada en 2012 con el objetivo de transformar la educación superior y preparar a los estudiantes para los desafíos del siglo XXI. Su filosofía se centra en el desarrollo de habilidades prácticas, el pensamiento crítico y la adaptabilidad. También intenta alejarse al máximo de transmitir solo conocimientos teóricos. De hecho, a la hora de evaluar a sus estudiantes, se tienen en cuenta áreas como participación activa en clases, proyectos y presentaciones.

A mí también me parece una fantasía y a lo mejor es lo que más va contigo. Dale una vuelta.

Grado LEINN

Así como Minerva es una iniciativa internacional, el grado LEINN es *Made in Spain*. Sus siglas lo resumen muy bien: Liderazgo, Emprendimiento e Innovación. Lo ofrece la Universidad Mondragón en España, en colaboración con Mondragon Team Academy (MTA).

El grado LEINN se parece a Minerva en su enfoque emprendedor y en su aprendizaje basado en proyectos. Además, LEINN hace énfasis en el desarrollo de habilidades de liderazgo y, gracias a que la Universidad Mondragón tiene lazos con el sector empresarial y la cooperativa Mondragón, los estudiantes disfrutan la oportunidad de colaborar con empresas reales y retos reales. Y sí, con sus proyectos también facturan dinero real. Igualmente, el programa LEINN a menudo incluye experiencias internacionales, como intercambios, proyectos globales o periodos de estudios en el extranjero.

Otra alternativa a tener en cuenta.

22. www.minerva.edu

Pros y contras de grados «alternativos»

PROS	CONTRAS
• **Enfoque práctico.** Se comprometen a tener una metodología absolutamente práctica, trabajan por proyectos y se mantienen estrechamente ligados al sector empresarial.	• **Coste.** Aunque existen programas de ayuda económica, estos grados suelen costar más que las opciones universitarias tradicionales.
• **Experiencia internacional.** Hay opciones de movilidad internacional, lo que consigue que los estudiantes obtengan una perspectiva internacional única y una red global de contactos.	• **Poca experiencia campus.** Al no tener un campus físico tradicional, hay partes de la experiencia clásica universitaria a la que se renuncia, como la vida diaria en residencias, eventos y actividades extracurriculares ligadas a la universidad.
• **Aprendizaje activo.** Suelen ser grupos reducidos y se pone mucho énfasis en que los estudiantes se impliquen en su propio aprendizaje.	• **Reconocimiento externo.** El grado LEINN no es un grado reconocido por todos los sectores, por lo que, donde los empleadores son convencionales y prefieren los títulos universitarios «de toda la vida», estos programas que se salen de la regla pueden no ser vistos con la misma seriedad con la que verían grados tradicionales.

Estoy segura de que, aparte de estos dos programas, existen muchas otras formas de vivir la universidad, pero estos son los dos que me siento cómoda de compartir. En mis tiempos (cada día sueno más a mi abuela) estos grados apenas estaban despegando; me alegra muchísimo ver cómo nacen y se popularizan otras opciones formativas que están a caballo entre los modelos tradicionales universitarios y opciones totalmente rompedoras. Y a ti, ¿te llama la atención este tipo de modelos o prefieres vías más tradicionales?

No hay dos experiencias universitarias iguales

Desde los protagonistas de películas de Hollywood para quienes la universidad prácticamente forma parte de su personalidad, hasta tu vecino de arriba que lleva dos años y tres meses matriculado y todavía no ha pisado un aula. No hay dos experiencias universitarias iguales. Y puedes leer sobre ello todo lo que quieras, que, al final, nadie la va a vivir por ti.

Cuando echo la vista atrás y rememoro la mía, me doy cuenta de que fue todo lo que no esperaba que fuese. Me apetece compartir un poco de ella contigo porque hubo un día en el que necesité leer una historia universitaria similar a la mía y no supe dónde encontrarla.

¿Recuerdas a esa Adri de siete años que decía que quería estudiar algo relacionado con el marketing? Lo había tenido tan claro toda la vida que jamás me llegué a plantear nada más. Pero fue comenzar la universidad y ocurrieron dos eventos paralelos.

El primero, el desencanto. **Después de tantos años fantaseando con lo que sería mi época universitaria, fue poner un pie en la universidad y pensar: «¿Para qué me sirve todo esto?».** La paciencia nunca ha sido mi principal virtud, pero recuerdo estar sentada en clase de Contabilidad 1 mirando a la pizarra, absolutamente desesperada con la idea de que habría una Contabilidad 2 (si además hubo una Contabilidad 3, mi cerebro ha decidido borrar cualquier recuerdo de ella).

No sé si fue en Contabilidad 1, Microeconomía 2 o Matemáticas 451, pero por primera vez cuestionaba todo lo que creía tener tan claro. Si el mundo empresarial era eso, ¿quería dedicarme de verdad a ello o había escogido esa carrera por reflejo? Y de repente me vino a la mente que, en realidad, mi asignatura preferida en el colegio fue Biología y que siempre me ha fascinado el cuerpo humano. Si además sabía que quería que mi profesión tuviese un propósito y que mi trabajo ayudase a los demás, ¿por qué nunca me había planteado ser médico?

Esa reflexión hizo que me replanteara todas las decisiones de carrera que había tomado hasta la fecha y me forzó a abrir puertas que ya había cerrado. ¿Recuerdas lo que te conté sobre la paradoja de la elección en capítulos anteriores, que dice que tener un exceso de opciones disponibles te lleva a la insatisfacción? Me obsesioné tanto con la idea de que había escogido mal que entré en una espiral de nerviosismo y confusión, sumada a la sensación de no saber qué estaba haciendo con mi vida. Esta crisis desembocó en algo parecido a una depresión leve (desgraciadamente, tardé demasiado en acudir a un psicólogo como para poder mirarlo de cerca); mis días comenzaron a transcurrir con una mezcla de ansiedad, apatía y tristeza.

Como te puedes imaginar, esto no tardó en hacerse notar en mi expediente académico. Por primera vez en mi vida, tenía una dificultad tremenda para concentrarme, leer y memorizar, y empecé a suspender hasta los exámenes de las asignaturas más tontas. El día que publicaron las notas del primer semestre, descubrí que lo había suspendido todo. Fue ahí cuando sonaron las alarmas en casa y comenzaron a sospechar que me pasaba algo raro.

Mi madre me propuso muy acertadamente acudir al psicólogo. Hoy en día es más fácil encontrar referentes de personas que han ido a especialistas de salud mental, pero hace diez años no conocía a nadie de mi entorno que hubiese pisado una consulta psicológica. Y, si hoy en día sigue quedando algo de estigma, imagínate cómo era hace una década.

Tener ayuda profesional fue lo mejor que podría haberme pasado. Poco a poco me encontré mejor. Pero, aun así, las notas del segundo semestre no fueron del todo buenas. Esa vez había suspendido tres asignaturas de cinco. Las recuperaciones eran unas semanas más tarde y yo tenía que presentarme a nada más y nada menos que a ocho asignaturas de un total de diez. Si eso no suena ya suficientemente estresante, súmale que esa universidad había instaurado una criba el primer año, por la que te pedían aprobar un mínimo de créditos para poder continuar el año siguiente.

Cuando llegó el día de la publicación de las notas, resultó que me iba a quedar fuera por un solo crédito. Mi única opción pasaba por la revisión del examen que más se acercaba al 5 (que era nada más y nada menos que un triste 3,8). Eso y ponerle velitas a todos los santos católicos, apostólicos y cualquier otra divinidad de otras religiones que quisiera apoyar la causa.

De la revisión, recuerdo lo humano que fue mi profesor conmigo y lo escuchada que me sentí. En resumen, me dijo que lo hablaría con su compañera de departamento y que me enviaría un e-mail con su decisión. Me pidió también que no me hiciera ilusiones, claro. Yo estaba de los nervios con tanta incertidumbre.

A los pocos días, ya tenía el correo en mi buzón de entrada. Este fue el e-mail que leí en el verano de 2014:

Hola, Adriana:

Ayer comenté los resultados de la revisión con Laura.[23]
Y no tengo buenas noticias.

Tal como te mencioné, veía difícil que ella aceptara aprobar un examen que está por debajo del 4. De hecho, hubiera sido la primera vez desde que trabajamos juntos, y ya han pasado quince años. Puse todo mi esfuerzo, pero teníamos un documento que decía que no alcanzaste el mínimo exigible y, en una facultad, un examen tiene mucha importancia.

23. Por privacidad, le he cambiado el nombre a su compañera.

Aquí se enfrentan dos posturas. Una subjetiva, mi visión particular sobre ti. Para mí, la ilusión es fundamental en la vida, y creo que tu ilusión por quedarte es una garantía de que tu rendimiento sería muy diferente a partir de ahora. Pero hay otra objetiva. No es solo una cuestión de nuestra asignatura; has suspendido más. Aprobar tu examen sería incomprensible e incluso injusto, y es algo que intentamos evitar a toda costa en nuestras asignaturas.

Por lo tanto, frente a esto, no me queda más remedio que aceptarlo y transmitirlo. Estoy completamente de acuerdo con nuestra decisión, pero también me deja muy triste en cuanto a ti.

A partir de aquí, y superado el mal trago que estoy seguro de que pasarás, toca enfocarte en el futuro. Dicen que las crisis son oportunidades, que cuando tocas fondo y miras hacia delante aparecen muchas cosas buenas que antes no veíamos simplemente porque no las mirábamos. Y eso es lo que creo que debes hacer.

No sabes cuánto siento enviarte este correo. Es la peor parte de la enseñanza. Hoy ni tú ni yo tendremos un buen día, pero, quién sabe, tal vez podamos volver a vernos y hablar de esto como una situación que superaste (de esto estoy absolutamente seguro), y me dirás que te encuentras en una situación en la que tienes tantas puertas abiertas que no sabes qué elegir.

Quedo a tu disposición para lo que necesites.

Un fuerte abrazo,
Josep

Lo leí una, dos, tres veces. Lo dejé marinar en mi bandeja de entrada y, al cabo de unos días, me vi capaz de contestarle. En mi respuesta le agradecí el tiempo que había dedicado a mi revisión y que hubiese tratado el tema con tacto y con un tono tan alentador en su e-mail. Aclaré que comprendía y respetaba totalmente su decisión y le conté que ya me había matriculado en otra universidad.

Me contestó con un e-mail precioso que sigo atesorando hoy en día y prefiero seguir guardándolo para mí, pero sí quiero compartir un párrafo en concreto. Decía:

> […] Después de unos cuantos años conociendo a muchas personas diferentes, tengo una especie de sensación (creo que es la mejor palabra para describirlo) y normalmente no me equivoco. ¿Sabes? Me arriesgo mucho, muchísimo, y quizá me equivoque, pero creo que tienes cualidades personales e individuales más que suficientes como para acabar en un banco de inversión o en una asesoría trabajando veinticinco horas al día por cuatro duros. Pero te veo con un perfil más creativo, imaginativo, sorprendente. Ojalá no me equivoque, pero te veo más organizando congresos, haciendo tareas con repercusión social, quizá más comercial, quizá más artístico. No sé, este es mi *feeling* y quería compartirlo contigo. Quizá te estás hartando de reír, pero, mira, ¡eso que te llevas!

En una conversación anterior que tuvimos, le decía que disfrutaba enormemente leyendo y escribiendo y que, de hecho, me había pasado los últimos veranos escribiendo novelas de ficción. Su e-mail terminaba así:

> […] Y para acabar, lectora empedernida, ¡yo también lo soy! Eres el/la primer/a estudiante en quince años con este perfil, y me haría gracia leer y comentar tus novelas. Sin ningún tipo de obligación, claro, ¡ni siquiera para quedar bien!
>
> Srta. Adriana, un placer.

Perdimos el contacto hasta que, al poco de empezar a trabajar en Google, recordé este intercambio de e-mails y le envié uno poniéndole al día de cómo acabó siendo mi etapa universitaria y todo lo que vino después. Todavía no le he contado que ahora me dedico cien por cien a la creación de contenido en redes y que **mi trabajo diario es muy parecido a lo que él predijo hace diez años**; aunque no organizo eventos, sí participo en ellos, y creo contenido con la misión de facilitar que las oportunidades laborales sean accesibles a todos, en todas partes. A nivel empresarial, este trabajo tiene una vertiente tanto comercial (lo que me genera ingresos) como artística (lo que los demás ven en redes). Así que, Josep, no será por quedar bien (ni siquiera como peloteo), pero vas a ser de los primeros en recibir una copia de este libro.

Evidentemente, **la Adri a la que estaban echando de la universidad en 2014 no tenía ni puñetera idea de que acabaría viviendo de la creatividad**. Estaba confundida, cansada y con ganas de esconderse en una cueva y no salir hasta finales del milenio que viene. Al final me matriculé en la Universidad Pompeu Fabra, de la que me gradué en 2018. Y, en realidad, seguí sin desarrollar un vínculo especial con mi universidad y mi carrera me siguió pareciendo bastante rollo, pero es innegable que tuvo un gran impacto en mi vida y no sé cómo serían las cosas si no me hubiesen echado de la primera y hubiese llegado de rebote a la segunda.

Al comenzar de nuevo en primero de carrera, pero sin partir de cero (había cateado mucho, pero algo se me había quedado), sentía que tendría algo más de tiempo para dedicarle a asociaciones de estudiantes. Me apunté a AIESEC, una organización internacional sin ánimo de lucro que tiene como objetivo desarrollar el liderazgo en jóvenes. Fue la mejor decisión que pude tomar; trabajaba rodeada de compañeros a quienes admiraba, y confiaban en mí y me devolvieron la confianza en mí misma que había perdido tras ese catastrófico primer año. Llevábamos a cabo proyectos e iniciativas de impacto social, funcionábamos de forma muy similar a una *startup* y nos dejábamos la piel en lo que hacíamos porque trabajábamos de corazón. De hecho, fíjate tú cuánto me gustó la experiencia que acabé conociendo a Pablo, mi marido. Incluso actualmente mis amigos más cercanos siguen siendo los que hice en esa etapa.

Me pasé los cuatro años siguientes compaginando la carrera con AIESEC y luego con las prácticas laborales. Siempre pude escoger las prácticas que quería porque, a pesar de que fueron mis primeras experiencias laborales «formales», llevaba años trabajando en proyectos de impacto y demostrando mis capacidades de liderazgo.

Al acabar la universidad necesité un descanso y me fui de año sabático. En ese tiempo, JM, un compañero de AIESEC, me escribió para hacerme saber que LinkedIn acababa de abrir un puesto en Dublín que le cuadraba con mi perfil y me animó a postularme. Conseguí el trabajo. Tras unos años en LinkedIn, Anna, otra buena amiga de mi etapa de AIESEC, me recomendó para mi primer puesto en Google. Al poco me puse a compartir vídeos en redes y los primeros en despegar fueron aquellos en los que enseñaba las oficinas y entrevistaba a mis compañeros de trabajo. Y es gracias a eso que ahora puedo vivir la vida creativa que siempre soñé.

En 2014 no lo sabía, pero que me echaran de la primera universidad fue lo mejor que me pudo haber pasado. Como bien decía mi profesor de Economía en sus e-mails, todas las crisis son oportunidades. Aprovecharlas depende de ti.

2. ASÍ QUE QUIERES HACER UN *BOOTCAMP*

Un *bootcamp* es un programa de formación intensivo que generalmente se lleva a cabo durante un periodo de tiempo relativamente corto. Está muy enfocado a desarrollar habilidades prácticas y conocimientos muy específicos de un área particular, generalmente con dos objetivos diferentes: reorientar la carrera profesional (*reskilling*) hacia el ámbito digital o aprender y actualizar conocimientos (*upskilling*). De hecho, el término «bootcamp» deriva de los campos de entrenamiento militar. Imagínate a militares entrenando: intensivo, al grano y riguroso. Pues un poco lo mismo, pero llevado al terreno académico.

Una de las críticas universitarias más típicas es que se pierde mucho tiempo con asignaturas poco útiles, de modo que es cero sorprendente que la popularidad de los *bootcamps* haya crecido exponencialmente en los últimos años.

Para darte un poco de contexto sobre la historia de estos programas de formación intensivos, nacieron hace unos quince años en Estados Unidos. Sin embargo, ya hace tiempo que expandieron sus fronteras y se han popularizado por todo el mundo. Según los estudios más recientes, a pesar de que llegaran a España en 2013, la mayoría de los programas en el mercado se lanzaron en los últimos cinco años. Barcelona y Madrid son las ciudades que más cursos ofrecen, pero vemos que cada vez más se dan opciones de cursarlos en remoto. **El curso más**

ofertado es Desarrollo Web, seguido de Ciencia de Datos y Diseño de Experiencia de Usuario. Al fin y al cabo, los *bootcamps* dan solución a la necesidad del mercado laboral de tener empleados que estén constantemente actualizados. Antes, una vez que aprendías una nueva habilidad tecnológica, esta te servía durante más de diez años. Ahora, da gracias si aprendes algo nuevo que no cambie a cinco años vista.

Además, la empleabilidad de los estudiantes *posbootcamp* es buena (la mayoría de los alumnos que participan en uno encuentran empleo a los pocos meses de salir) y los salarios, competitivos. A nivel global, las principales empresas que contratan a graduados de *bootcamps* suelen ser tecnológicas, y entre las más grandes están Google, Microsoft, Amazon o Meta.

Entrando más en detalle, según los últimos estudios sobre el tema, gran parte de los estudiantes de *bootcamps* tienen entre 25 y 35 años, y el siguiente segmento de edad más numeroso suele estar entre los 35 y 45. Estos perfiles suelen corresponderse con profesionales que buscan pivotar en su carrera profesional, pero cada vez vemos estudiantes más jóvenes escogerlo como alternativa a la carrera universitaria (aunque, como vimos en otros capítulos, la universidad sigue siendo abrumadoramente la opción de formación número uno después del bachillerato). Curiosamente, los *bootcamps* resultan atractivos tanto para gente con título universitario como para aquellos que no han pisado una uni, ya que una buena parte de los estudiantes no cuenta con título universitario.

Eso sí, un área en la que todavía cojean mucho es en temas de diversidad de género. En ese sentido, tal vez sigan siendo muy parecidos a los *bootcamps* militares, después de todo.

Si estás valorando hacer un *bootcamp*, tal vez pueda servirte la lista de pros y contras que te presentamos a continuación:

PROS

- **Desarrollas habilidades rápido.** Si lo que quieres es formarte de la manera más eficiente posible, desde luego vas a encontrarlo en un *bootcamp*.
- **Te enfocas en lo práctico.** Olvídate de las clases teóricas. Te vas a meter de lleno en proyectos reales, y es un puntazo tenerlos en tu portafolio y poder contarlos como experiencia.
- **Orientación laboral.** Muchos *bootcamps* ofrecen servicios de colocación laboral y asesoramiento profesional.
- **Red de contactos.** Al estar muy enfocados en el mundo laboral «real» y tener muchos estudiantes que ya han logrado un recorrido profesional, son una buenísima oportunidad para construir una red de contactos con profesionales de la industria.
- **Actualización constante.** Dado que se centran en habilidades específicas, pueden actualizarse rápidamente para reflejar cambios en la industria. Eso también significa que muchos ya se han adaptado a formación híbrida, y podrás encontrar opciones para cursarlos en remoto.
- **Diversidad de participantes.** Mientras que en un primer año de universidad te encontrarás a compañeros muy similares a ti (en edad, recorrido, etc.), los *bootcamps* atraen a personas de trayectorias muy diversas y es una muy buena ocasión para aprender de ellos.

CONTRAS

- **Limitación de contenido y ultraespecialización.** Debido a las restricciones de tiempo, es inevitable que el contenido que se ve en los *bootcamps* sea menor que en una carrera universitaria, y eso hace que te tengas que especializar al máximo. Si a muchos les cuesta elegir una carrera universitaria por el miedo a cerrarse opciones, imagínate con un *bootcamp*.
- **Precio.** Aunque pueden ser más baratos que el total de algunos programas académicos, el precio por mes suele ser más alto.
- **Reputación variada.** La calidad de los *bootcamps* puede variar considerablemente. No te dejes encandilar y busca aquellos que de verdad valgan la pena.
- **Intensidad y ritmo.** No tiene por qué ser un punto negativo, pero si eres de los que prefiere ir poco a poco y con buena letra es probable que te sientas algo agobiado.
- **Falta de experiencia académica formal.** En algunos casos y en industrias más tradicionales, es posible que te encuentres algunos empleadores que prefieran candidatos con títulos académicos tradicionales.
- **Falta de profundidad teórica.** Por la naturaleza misma de un *bootcamp*, es posible que se omita una parte de las bases teóricas, sobre todo al compararlo con otros programas académicos más extensos.

Personalmente, lo que más me llama la atención de los *bootcamps* es la multitud de perfiles que los cursan, con objetivos completamente diferentes. Tenía mucha curiosidad por escuchar las historias de seguidores míos que se habían decantado por hacer *bootcamps*, por lo que publiqué una *story* en Instagram preguntando por sus experiencias. De todas las respuestas que me llegaron, escogí cuatro que me llamaron especialmente la atención.

Moi me contó que había cursado un *bootcamp* de Desarrollo Web en Madrid.

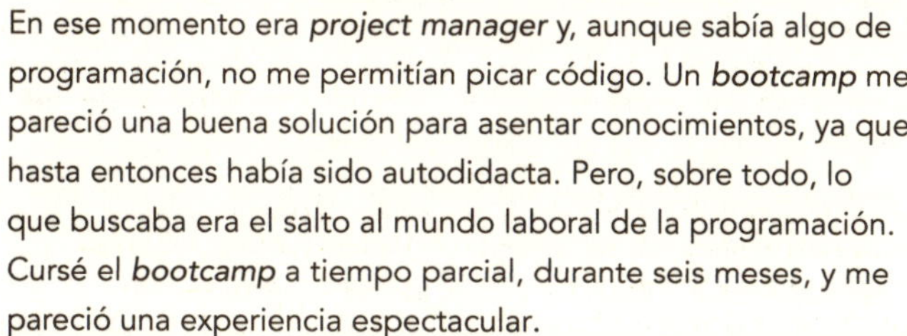

En ese momento era *project manager* y, aunque sabía algo de programación, no me permitían picar código. Un *bootcamp* me pareció una buena solución para asentar conocimientos, ya que hasta entonces había sido autodidacta. Pero, sobre todo, lo que buscaba era el salto al mundo laboral de la programación. Cursé el *bootcamp* a tiempo parcial, durante seis meses, y me pareció una experiencia espectacular.

Al acabar, Moi obtuvo cinco ofertas, de las cuales se decidió por su actual empresa, en la que me cuenta que lleva cinco años trabajando.

De la experiencia, me quedo con la facilidad que tuve para encontrar trabajo y la gente que conocí. Incluso hubo profesores que acabaron convirtiéndose en mis compañeros.

En el caso de Abril, ella estaba en una carrera universitaria cuando decidió cursar un *bootcamp*.

Hice media carrera universitaria y decidí pegar un volantazo. Me metí a un *bootcamp* de programación y de ahí seguí haciendo más cursos de forma autodidacta.

Ricard era bombero privado en la industria automovilística.

Estuve años opositando con el objetivo de ser bombero público, pero al final no surgió y tampoco podía seguir en el proceso. Tras meditarlo mucho, decidí que quería y necesitaba cambiar mi orientación laboral. Sinceramente, fue una decisión que tomé con mucho miedo. No era solo el cambio laboral lo que me asustaba, era más bien la identidad que me había creado en torno a ser bombero. Tuve muchas dudas sobre qué hacer, hasta que, por completa casualidad, unos amigos que eran desarrolladores web me hablaron del tema. Me acabaron convenciendo y decidí hacer un *bootcamp* como *full stack developer* el año pasado, el cual acabé recientemente.

Desde entonces, Ricard ha tenido varias entrevistas y sigue en diferentes procesos.

Si lo comparo con mi trayectoria laboral de antes, nada que ver. Encontrar trabajo como bombero privado no era fácil, mientras que en el mundo de la programación puede resultar difícil al principio, pero se van abriendo un montón de posibilidades. Fue una decisión muy difícil a nivel personal, ¡pero que volvería a tomar, sin duda alguna!

El *bootcamp* que cursó Zindy estaba pensado para la inclusión de mujeres en el mundo *tech*, patrocinado por Google y Factoría 5.

> Venía del sector de la hostelería y me quedé en paro, por lo que vi el *bootcamp* como una buena oportunidad para darle una vuelta a mi carrera profesional. Fue un programa de nueve meses muuuuuuyyy intensos, con el que me formé como desarrolladora web *full stack*. Y, de hecho, hoy me dedico a esto: trabajo como *developer* para el sector bancario en una tecnológica americana.

3. ASÍ QUE QUIERES HACER UNA FORMACIÓN PROFESIONAL

Se estima que los titulados de Formación Profesional crecerán exponencialmente de aquí al año 2030. Por lo tanto, no resulta sorprendente que la formación profesional se posicione como la segunda alternativa más demandada en términos de cantidad de estudiantes inscritos, según las estadísticas del INE. Efectivamente, por detrás de la universidad. Y tiene sentido porque la FP se caracteriza por ser una formación práctica, con una alta tasa de inserción laboral y es una opción más asequible que la universidad.

Pero ¿a qué nos referimos exactamente cuando hablamos de formación profesional o FP? En España, se divide en tres tipos:

1. **Formación Profesional Básica (FPB):** para jóvenes de 15 a 17 años que no hayan obtenido el título de ESO. Dura dos años y, con ella, puedes acceder al mercado laboral o a la Formación Profesional de Grado Medio.
2. **Formación Profesional de Grado Medio (FPGM):** para jóvenes de 16 a 21 años que ya hayan obtenido el título de ESO. Dura dos años y te abre las puertas al mercado laboral o a la Formación Profesional de Grado Superior.

3. **Formación Profesional de Grado Superior (FPGS):** para jóvenes de 18 a 25 años que hayan obtenido el título de bachiller o un título de Formación Profesional de Grado Medio. Tiene una duración de dos años y permite acceder al mercado laboral o a la universidad (tanto a carreras, para las cuales pueden convalidarse hasta 44 créditos, como másteres).

Para que te hagas una idea del impacto que tienen estos programas, en 2022 una de cada cinco mujeres y uno de cada cuatro hombres españoles cuentan con un título de formación profesional de cualquier índole. Si esto lo comparamos con los adultos que escogen formarse mediante la vía universitaria, vemos que la diferencia entre el porcentaje de hombres que adquieren un grado universitario versus los que adquieren una formación profesional es mínima: 24,1 % cuentan con título universitario vs. 23,17 % con FP. En el caso de las mujeres, sin embargo, la diferencia sí es más significativa: 32,98 % tienen título universitario vs. 21,45 % con FP.[24]

Y no tiene pinta de que vaya a bajar el ritmo: el porcentaje de la población que se titula en FP no ha dejado de crecer en los últimos años, con un aumento de 2,22 puntos porcentuales desde el 2017 hasta el 2022.

Y, aunque no haya ninguna guía estándar que cubra para qué profesiones es mejor estudiar una carrera y para cuáles una FP, una buena forma de enfocarlo es entender cuáles son los puntos fuertes de las FP, ya que, por norma general, las profesiones que requieran de estas habilidades tenderán a contratar a más graduados de Formación Profesional.

24. Datos de la encuesta de población activa del Instituto Nacional de Estadística (2023).

PROS	CONTRAS
• Centrado en adquirir habilidades prácticas para el trabajo, lo que favorece la empleabilidad.	• Menos profundidad teórica y énfasis en investigación académica.
• Duración y costes más bajos respecto a una carrera universitaria.	• Sigue habiendo cierto nivel de estigma y prejuicio en torno a los estudiantes de FP.
• Sus estudios suelen ofrecer mayor flexibilidad de horarios.	• Generalmente, ofrecen menos oportunidades de movilidad académica.
• Conexión directa con la industria.	• Pueden tener limitaciones para acceder a posgrados.

Además, la oferta formativa de Formación Profesional es muy amplia: hay unos 150 ciclos formativos englobados en 26 familias profesionales. De entre esas 26 opciones, solo las cinco más solicitadas concentran el 61,15% del total de estudiantes. Son: Sanidad (para que te hagas una idea de su popularidad: uno de cada cinco estudiantes de FP está en esa rama), Administración y Gestión, Informática y Comunicaciones, Servicios Socioculturales y a la Comunidad, y Electricidad y Electrónica.[25]

Hemos visto el interés de los estudiantes por una rama en concreto, pero ¿y si lo miramos desde el punto de vista de las empresas? En ese caso, estos son algunos de los perfiles más buscados:

25. Datos de Educabase del Ministerio de Educación y Formación Profesional (2024).

PERFILES MÁS BUSCADOS POR LAS EMPRESAS

- **SECTOR INDUSTRIAL**
  - Operarios de producción
  - Operarios de mecanizado
  - Operarios de montaje y cableado eléctrico
  - Profesionales de mantenimiento
  - Electromecánicos
  - Soldadores
  - Torneros

- **LOGÍSTICA**
  - Profesionales de almacén
  - Conductores
- **GESTIÓN ADMINISTRATIVA**
  - Personal ligado a la gestión administrativa
- **SANIDAD**
  - Auxiliares de enfermería
  - Técnicos de laboratorio clínico
- **EDUCACIÓN**
  - Educadores infantiles
- **TECNOLOGÍAS DE LA INFORMACIÓN Y COMUNICACIÓN (TIC)**
  - Expertos en sistemas informáticos
  - Desarrolladores de aplicaciones informáticas

Vale, pero ¿cómo se compara la empleabilidad de una FP a un grado universitario? Si comparamos la tasa de ocupación en España de jóvenes de 20 a 34 años titulados en FP vs. jóvenes de ese mismo rango de edad con carreras universitarias, nos encontramos con que está a la par. De hecho, es ligerísimamente mayor: la tasa de ocupación de jóvenes con FP es 0,28 puntos porcentuales superior a la de jóvenes con carrera universitaria.[26]

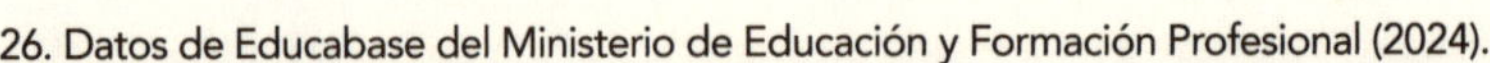

26. Datos de Educabase del Ministerio de Educación y Formación Profesional (2024).

Por último, otro de los factores que seguramente quieras considerar si estás valorando la opción de decantarte por una FP es la inversión monetaria. Uno de los pros que vimos es que suelen ser más baratas que una carrera universitaria: la matrícula de un año de FP se suele situar entre 300€ y 600€ por curso, mientras que un año universitario suele rondar los 800€ y los 3.000€ anuales. Pero, eso sí, si nos enfocamos en el retorno de la inversión a largo plazo, los datos nos muestran que, por norma general, a mayor nivel de estudios mayor el salario. Del capítulo en el que cubrimos la opción universitaria recordarás que los salarios de aquellos que han estudiado una carrera universitaria, un máster o un doctorado son de promedio superiores a aquellos con otros niveles formativos. Evidentemente siempre hay excepciones, pero es un hecho que estadísticamente es muy probable que te salga más rentable estudiar una carrera universitaria que una FP.

Cuando pienso en alguien que ha sabido exprimir al máximo su paso por los ciclos formativos, siempre me viene a la mente Pere, excompañero mío de Google. La historia de Pere me llamó la atención por la variedad de opciones no tradicionales que escogió para formarse (tantas que no tenía claro ni en qué capítulo de este libro contar su historia), comenzando por que no quiso estudiar ningún bachillerato. Intrigada, le pedí más detalles de su recorrido. Esta fue la conversación que tuvimos:

PERE: Siempre he sido de los alumnos que atendían en clase, participaba y me gustaba aprender. Las asignaturas con clara aplicación práctica se me daban muy bien, pero me tocaba luchar el aprobado en aquellas que entraban muy en detalle en conceptos teóricos. Mi padre tampoco estudió educación tradicional (hizo una FP), y siempre le había ido bien en el mundo de los negocios.

ADRI: Y, una vez que tuviste claro que no ibas a cursar bachillerato, ¿cómo te decantaste por un grado medio?

P: Al principio pensé en ponerme a trabajar con mi padre unos años. Pero mis planes cambiaron a raíz de acompañarle en un viaje de negocios a Holanda. Ahí me expuse a un ambiente profesional que me hizo darme cuenta de que quería buscar nuevos retos fuera de mi pueblo de toda la vida, Ulldecona, de seis mil habitantes. Simplemente, mi crecimiento no pasaría por las aulas de bachillerato.

Dada mi pasión por los negocios, el marketing y el conocimiento práctico, decidí comenzar un grado medio en el pueblo de al lado. No a todo el mundo le pareció buena idea, especialmente por la mala fama que tenían los grados medios en aquel entonces. Llegó al punto que mi tutora de la ESO le recomendó a mi padre que, dado mi potencial académico, me olvidase de hacer el grado medio y cursase el bachillerato.

A: ¿Y qué te dijo él?

P: Él me apoyaba incondicionalmente en lo que quisiera hacer y no quería que tomase ninguna decisión por obligación. Pero, por encima de todo, fuera lo que fuese que acabara escogiendo, me lo tenía que tomar en serio. Tanto si escogía estudiar o trabajar, lo único que me pedía era que diese lo mejor de mí.

A: Y, a día de hoy, ¿crees que fue buena idea?

P: Terminé el grado con un 9,75 de media, habiendo hecho prácticas, y muy motivado. No todo el mundo tenía la misma motivación y, de hecho, había bastantes alumnos en clase que eran un poco pasotas y el nivel medio era bajo. Pero yo iba a mi bola, disfrutando de lo que aprendía. Al acabar el grado medio tenía ganas de seguir desarrollándome y decidí irme a Irlanda tres meses a aprender inglés. Fue a la vuelta de Irlanda cuando me mudaría a Barcelona a cursar un grado superior en Comercio Internacional.

A: ¿Qué fue lo que hizo que te decidieses por seguir con el grado superior?

P: Fueron dos factores clave. Por un lado, había disfrutado muchísimo con las asignaturas del grado medio porque veía que lo que aprendía sí tenía una verdadera aplicación en el día a día de una empresa. Pero, por otro, hacer las prácticas del grado en una asesoría laboral hizo que me diese cuenta de que no quería esa vida; estaba mal pagado, se echaban muchas horas y era un trabajo superaburrido. Así que quise seguir estudiando y me metí al grado superior, donde además me encontré con compañeros mucho más centrados que en el grado medio y el nivel era superior.

Durante su grado superior, Pere terminó con una media de 9,25, fundó una júnior empresa,[27] que le permitió viajar a congresos nacionales e internacionales, y realizó prácticas en una agencia de aduanas. Y salió con ganas de seguir formándose y emprender.

27. Las júnior empresas son asociaciones sin ánimo de lucro con la estructura y funcionamiento de una empresa, formadas por la iniciativa de jóvenes universitarios. Su principal objetivo es promover una mejor experiencia en el mercado a los estudiantes de las instituciones a las que están vinculadas. Por este objetivo se fomenta el crecimiento personal y profesional del alumno miembro, por medio de ofrecer servicios de calidad y bajo coste al mercado.

¿Recuerdas el grado LEINN del que hablamos unos capítulos atrás? Como además tenía la inquietud de explorar el mundo y muchas ideas que quería desarrollar y ejecutar, Pere se decantó por ese programa. Durante su etapa ahí, creó, junto con sus compañeros, empresas de ropa, agencias de publicidad, torneos de pádel, fiestas, *merchandising*, libretas de madera personalizadas y empresas de consultoría, contando con clientes como imaginBank de CaixaBank, BBVA, Repsol o Banco Santander. Además, tuvo la oportunidad de vivir en Berlín, San Francisco y Seúl, y de visitar las empresas referentes en cada país (Google, Salesforce, Apple, Zalando, Rocket Internet, Naver...).

Cursando el segundo año del grado LEINN, sintió que quería profundizar en el estudio de la psicología y que deseaba hacerlo de forma estructurada y académica. Así pues, se apuntó al grado en Psicología de la UOC (Universidad Abierta de Cataluña, por sus siglas en catalán), del cual está a punto de graduarse.

Tras esos cuatro años de formación creando proyectos, de reunirse con directivos y resolver retos, le sobraban experiencias y anécdotas que contar en entrevistas de trabajo. «Yo creo que fue gracias a todo lo vivido en LEINN que conseguí entrar en Google», me confesó.

Con lo que me quedo de la trayectoria de Pere es que es el ejemplo perfecto de cómo alguien con rigor, ambición y determinación ha sabido adaptar las opciones formativas a lo que era mejor para él; más que intentar adaptarse él a un camino tradicional que tenía claro que no le convenía.

4. ASÍ QUE QUIERES TOMARTE UN AÑO SABÁTICO

Hay pocas cosas que pueda afirmar categóricamente que me cambiaron la vida. Mi año sabático es una de ellas.

Crecí en una familia de mujeres viajeras. Pero, de todas ellas, la que más me contagió el gusanillo de explorar fue mi abuela por parte de madre, Cecilia. Mi familia materna es colombiana, por lo que muchas veces hemos pasado temporadas muy largas sin vernos por la distancia (como dice mi madre, es un constante «hola y adiós»). Pero, en una ocasión, mi abuela vino a pasar una temporada larga a Barcelona y estuvo viviendo con nosotros en casa. Recuerdo esa etapa con muchísimo cariño; salía del colegio absolutamente emocionada, sabiendo que estaba a punto de pasar la tarde con mi abuela.

Durante esas tardes, me contaba todas sus aventuras de viaje y me enseñaba *souvenirs* que había comprado en cada sitio. Recuerdo un jersey que me trajo «del Polo Norte» (después descubrí que era de Laponia, pero estoy de acuerdo con que «del Polo Norte» suena más emocionante), el collar con el rostro de Nefertiti que se compró en Egipto, un amuleto que le habían regalado en las Maldivas y postales de los orangutanes que había visto en la selva de Borneo.

Y, conforme más me contaba, más hacía volar mi imaginación. Tomaba esos objetos con mis manitas y me ponía a imaginar cómo habían sido hechos, quiénes los habían tocado antes que yo, qué historia tenían. Algunas de sus historias me calaron más hondo que otras y llegó un punto que, durante mi adolescencia, cada vez que alguien me preguntaba por planes de vida o si quería tener hijos, les contestaba que prefería ir a criar orangutanes en Borneo. Es una broma recurrente en mi familia, pero, mira, ahora que ya soy mayorcita, me doy cuenta de que tan desencaminada no iba. Años más tarde, sus hijos hicieron la cuenta de todos los países que había pisado: una cincuentena.

Aunque siempre había soñado con viajar tanto como ella, no fue hasta que acabé la universidad que pude hacer del viaje una prioridad. **Tras años de compaginar estudio y trabajo, reuní todos mis ahorros y me eché la mochila al hombro para embarcarme en una aventura en solitario.** Simplemente, me moría de ganas de explorar.

Por primera vez en mi vida apenas tenía responsabilidades. En cambio, estaba experimentando una completa libertad de horario y tenía el privilegio de cada día escoger qué quería hacer. Recorrí unos dieciséis países y cumplí muchísimos sueños que tenía guardados. Buceé con tiburones en el Blue Hole de Belice, me quedé embobada con los rascacielos de Tokio, reservé vuelos con menos de veinticuatro horas de antelación (porque tenía la corazonada de que era hora de irme), dormí en una yurta en Kirguistán, subí al monte de Santa Catalina (en Egipto) de noche solo para ver el amanecer desde la cima y, por fin, pude ver orangutanes en su hábitat natural en la selva de Bukit Lawang.

Fue ahí donde conocí a Francine Néago.

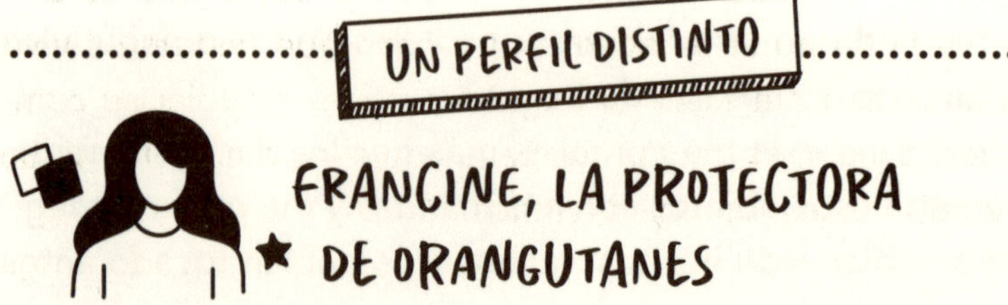

Francine me llamó la atención porque ¿qué hace una anciana tomándose un cafecito en un restaurante en plena selva de Indonesia? Cuando la conocí en 2018, tenía 88 años, cabello corto blanco como la nieve; vestía con tejidos coloridos, como los locales. Pero, más allá de lo fuera de lugar que parecía, lo que verdaderamente llamaba la atención de ella era su historia. Encontrarás poca información sobre ella online, así que la historia que te cuento a continuación es una mezcla de lo que he logrado encontrar en sus webs oficiales, de lo que me contó a mí y de lo que otras personas que quedaron cautivadas con su valentía han ido publicando estos años.

Verás, a Francine se la conoce actualmente por haber dedicado su vida a estudiar y proteger orangutanes en Indonesia, pero su vida no podría haber comenzado en una realidad más diferente. Nació en París en 1930, en el seno de una familia adinerada; era hija de padres artistas. Su padre era violinista y jefe de orquesta, y ella heredó ese gusto por la música. Bailaba flamenco, que lo aprendió al vivir una temporada en el sur de España. Se graduó en Medicina en el University College London, en el Reino Unido, pero no ejerció mucho como médico. Durante una temporada en la que estuvo trabajando en Estados Unidos, conoció al que sería su futuro marido. Él también era médico y provenía de Indonesia. Cuando volvió a su país, ella le siguió. Pero no cuenta que fuera a Indonesia por amor a su marido, sino por amor al primer orangután que vio.

Por eso mismo se formó como primatóloga. A finales de los setenta, Francine colaboró con el nuevo zoológico de Singapur. Y a la tía no se le ocurrió otra cosa que meterse a vivir en una jaula con dieciocho orangutanes para estudiar su comportamiento y comunicación. Se pasó con ellos diez horas al día durante seis meses. Lo típico, vamos.

....

Cuando yo la conocí, vivía muy humildemente en el hostal al lado del mío. ¿Cómo es posible que una persona nacida en una familia adinerada acabe en un hostal en medio de la nada? La respuesta corta es que dedicó todo el dinero familiar a la conservación de los orangutanes. Creó diferentes ONG, se metió en diversas batallas con el Gobierno de Indonesia y durante años dependió del fondo de pensiones francés para tener un ingreso mensual. Y, si te estás preguntando que por qué no volvió a Francia a disfrutar de lo que le quedaba de vejez, ella en su día contestó: «No puedo dejar a mis animales solos durante seis meses. No tengo intención de venir [a Francia] y retorcerme los pulgares esperando la muerte cuando hay tanto trabajo que hacer allá [en Indonesia]».

Durante una cena que compartimos, me contaba que su próxima aventura sería abrir una escuela de comportamiento animal en Indonesia y que estaba buscando a gente que quisiera ayudarla en ese proyecto. Tras ello, su plan era jubilarse en el sur de España. Y yo, que estoy casada con un sevillano enamorado de su tierra, lo entiendo perfectamente.

¿Quién sabe? Tal vez hay una Adri en un universo paralelo que se quedó en Indonesia criando orangutanes.

El motivo por el que siempre digo que mi año sabático me cambió la vida es porque me permitió conocer a gente como Francine, personas que decidieron vivir la vida a su manera, de forma inusual, inconformista y a contracorriente, demostrando que no hay más camino que el que nos labramos nosotros mismos. Me empapé de esa mentalidad y le debo mi actual estilo de vida nómada a esa etapa de mi vida.

Y, sin embargo, no le recomendaría un año sabático a todo el mundo ni lo recomendaría en cualquier situación. Como cualquier otra opción a valorar, **un año sabático tiene sus pros y sus contras y, para que sea de provecho, tiene que estar muy bien planificado**. Así que, si te planteas un año sabático, estas son las variables sobre las que te invito a reflexionar:

1. **¿Por qué quieres tomarte un año sabático?** Si la respuesta a esta pregunta es: «Porque no sé qué hacer», te voy a ser supersincera: no es un buen motivo. Un año sabático (y no tiene por qué ser un año entero, también puedes adaptarlo a unos meses) no es un año «para no hacer nada» y si lo haces sin tener ningún plan de ningún tipo tiene muchas posibilidades de ser un año perdido. En cambio, «Porque quiero explorar qué quiero hacer» me parece una respuesta mucho mejor. Si tienes diferentes inquietudes a las que quieres dar alas, un año sabático puede ser una excelente opción.

2. **¿Cómo planificarlo?** En línea con lo que comentaba en el último punto, antes de tomar cualquier decisión te recomiendo encarecidamente planificar tu año sabático en detalle. ¿Qué significa eso? Define tus objetivos, tus actividades, tu presupuesto y cómo se alinea con tus metas a largo plazo. Siempre recomiendo partir de saber cuál es el objetivo. Si ya tenemos el porqué, el qué y el cómo le siguen.

3. **¿Qué más hay?** Investiga qué más puedes hacer en tu año sabático. No vas a tener muchas oportunidades así en la vida, por lo que exprímelo al máximo. Busca historias de personas que ya lo han hecho. ¿Qué te llama la atención de su experiencia? Investiga programas de voluntariado, trabajos temporales o cursos que te interesen. Averigua qué requisitos y costes hay.

4. **¿Cómo lo vas a pagar?** Los años sabáticos suelen ser más comunes al acabar la carrera porque has tenido tiempo para ahorrar algo (si has tenido la oportunidad, claro). No conozco mucha gente que tenga ingresos disponi-

bles al acabar el instituto, por lo que si te quieres tomar un año libre seguramente debas plantearte pedirles el dinero a tus padres, trabajar durante el año sabático o pedir financiación al banco (y no recomiendo esta última opción). Dicho esto: establece un presupuesto realista para saber cuánto te puedes permitir y cuánto necesitas. También es un buen momento para buscar becas, subvenciones o programas que te ayuden a financiarlo.

Aquí te comparto algunas ideas para ayudarte a financiar esta experiencia:

- **Crea un plan financiero realista.** Un año sabático es una muy buena oportunidad para que comiences a tomar control de tus finanzas. Y es que, al fin y al cabo, maximizar nuestros ahorros no tiene truco: o bien incrementas tus ingresos, o bien reduces tus gastos. Hay tres puntos a tener en cuenta a la hora de crear un plan financiero.

1. ***Planifica tus gastos.*** ¿Cuánto te va a costar el año sabático? Debes evaluar tanto un escenario realista como uno pesimista. Estas son algunas de las categorías más importantes que es preciso tener en cuenta: alojamiento alimentación, transporte, seguros de salud, seguros de viaje, actividades turísticas/recreativas, tarjetas SIM internacionales, visados, cursos o actividades de desarrollo personal y artículos de viaje. Al evaluar escenarios, siempre aconsejo añadir una categoría de «gastos inesperados» que represente un 20 % del total. Sobre todo, en caso de que quieras usar ese año para descubrir mundo, hay mil gastos que ahora mismo ni se te pasan por la cabeza a los que vas a tener que enfrentarte: perder un avión y tener que volver a pagar transporte, gastos de visados, que te timen y

pagues diez veces más que el precio real, alojamientos de emergencia, etc.

2. ***Reúne tus ahorros.*** ¿Cuántos de esos gastos tienes ya cubiertos? ¿Con cuánto dinero cuentas actualmente? De los ahorros que tienes, ¿qué porcentaje quieres destinar a tu año sabático?
3. ***Planifica ingresos futuros.*** La diferencia entre lo que te vas a gastar y con lo que cuentas actualmente representa lo que necesitas ingresar. Sabiendo eso, ¿cuánto vas a poder conseguir de aquí al pistoletazo de salida? Fíjate un objetivo y planifica posibles fuentes de ingresos. Algunas ideas de financiación:

   – **Vende todo aquello que no usas.** No es por marcarme un «Marie Kondo», pero si hay una etapa de tu vida en la que te va a resultar beneficioso deshacerte de todos aquellos cacharros que tienes amontonados es esta. Deshazte de ropa, electrónica, libros…, lo que sea.

   – **Consigue un trabajo temporal.** Posponer unos meses el principio del año sabático para sacarse unos ahorros extra puede ayudarte mucho. Sobre todo, si vives en casa de tus padres y ahorras los gastos de alojamiento. Busca qué tipo de trabajos temporales se necesitan en tu zona. Restauración y hostelería suelen ser de los más populares en verano, pero existen otras opciones. Algunas ideas: trabajar como comercial, dar clases de repaso, pasear perros, cuidar niños… Incluso conozco una chica que se ofreció a cuidar mascotas durante las vacaciones de verano de los dueños y se sacó unos buenos ahorros. No será el trabajo de tu vida, pero servirá a un buen propósito.

   – **Cambia regalos por dinero.** En caso de que se acerquen cumpleaños, Navidades o fechas especiales, tal vez quieras compartir tus planes de ahorro con tus seres queridos y comentarles que, este año, más que regalarte algo físico, el mejor regalo que te pueden hacer es ayudarte a ahorrar para tu proyecto.

En el caso de que veas que no podrás reunir todo lo necesario, tendrás que plantearte si quieres acortar el año sabático o prefieres encontrar formas de conseguir ingresos durante ese año. Existen muchas vías de financiar o reducir tus gastos de viaje sobre la marcha. Te comparto algunas de las opciones más conocidas:

- **WorkAway:**[28] plataforma en línea que facilita intercambios culturales y de habilidades entre viajeros y anfitriones locales. Los viajeros ofrecen dedicar su tiempo y habilidades en diversos proyectos (agricultura, hostelería o enseñanza, entre otros) a cambio de alojamiento y, a veces, comida.
- **WWOOF:**[29] red internacional que conecta a voluntarios interesados en la agricultura sostenible con agricultores que ofrecen alojamiento y comida a cambio de ayuda en sus fincas.
- **AIESEC:**[30] organización internacional sin ánimo de lucro que permite a los jóvenes desarrollar sus habilidades de liderazgo a través de prácticas y voluntariados internacionales.
- **TrustedHousesitters:**[31] plataforma que conecta a dueños de mascotas con cuidadores de confianza a cambio de alojamiento gratuito durante el periodo de ausencia de los propietarios.

28. https://www.workaway.info/
29. https://wwoof.net/
30. https://aiesec.org/
31. https://www.trustedhousesitters.com/

- **Couchsurfing:**[32] plataforma que facilita el alojamiento gratuito, conectando a viajeros con anfitriones locales que ofrecen alojamiento temporal de manera desinteresada.
- **Ofrece tus servicios:** soy consciente de que el objetivo de un año sabático no es trabajar, pero si quieres aumentar tus ingresos plantéate desarrollar habilidades por las que puedan pagarte. En los últimos años, he conocido a viajeros y nómadas digitales ofreciendo servicios como reportaje fotográfico para alojamientos,[33] creadores de UGC,[34] editores de contenido para las redes sociales de marcas, tutores en remoto, redactores de blogs, desarrolladores web, asistentes virtuales, trabajo estacional en diferentes países...

Te recomiendo también echarles un ojo a los visados Work & Holiday. Con ellos, podrás trabajar mientras viajas y te sumerges en la cultura del país que te ofrezca dicho visado. Son programas gubernamentales que buscan fomentar el entendimiento entre culturas, por lo que hay que postular con antelación y cumplir diferentes requisitos (por ejemplo: no ser menor o mayor de cierta edad, ser ciudadano de un país elegible, demostrar que cuentas con recursos financieros suficientes, no tener antecedentes penales...). Algunos de los países más populares que ofrecen este tipo de visados son Australia, Nueva Zelanda y Canadá, entre muchísimos otros. Encontrarás la información al día en la web de sus respectivas embajadas.

32. https://www.couchsurfing.com/
33. Realizan reportajes de fotos y vídeos que ayuden a los dueños a promocionar la propiedad online a cambio de dinero o de quedarse gratis en dicha propiedad.
34. El *user generated content* o contenido generado por usuarios se refiere a contenido como fotos, vídeos o publicaciones, que es generado por un individuo en lugar de una marca.

5. **Coméntalo con la gente adecuada.** Cada vez tengo más cuidado a la hora de pedir opiniones y solo se las pido a gente cuyo punto de vista me interesa. Siempre hay personas que te van a recordar que algo «no es posible», pero hay menos que van a sentarse a investigar soluciones contigo. Busca también gente que piense diferente a ti, que sea la primera en darte «amor firme» y te llame la atención si haces algo estúpido.

6. **Planifica el fin del año sabático.** Planear el inicio de esta etapa es la parte más emocionante y a la que se le suele poner más atención, pero ¿qué pasa con el final? Ten un plazo en mente en el que cerrarás esta experiencia. Piensa en diferentes escenarios con los que empalmar tu viaje. Evidentemente, no tienes por qué tenerlo claro desde ya, pero evita quedarte en una situación en la que te limitas a pulirte el presupuesto y sin saber muy bien qué hacer.

TRUCO DE PRO

Una de las cosas de las que más me alegro de haber hecho durante mi año sabático es haber llenado diarios y diarios con mis reflexiones, ¡y no podría recomendarlo más! Documentar es una forma buenísima de procesar y organizar ideas y, en unos años, te alegrarás de echar la vista atrás y rememorar todo por lo que estabas pasando. No tienes por qué ser escritor, hay mil formatos más que podrías explorar (fotos, vlogs, vídeos, etc.).

5. ¿QUÉ MÁS HAY?

A continuación te voy a proponer un popurrí de opciones que son muy poco comunes, pero quería que fueras consciente de su existencia porque la vida da más vueltas que un trompo y nunca se sabe.

Apprenticeship o formación en empresa

Esta opción no suele ser muy conocida en España, por lo que apenas hay programas específicos para ello. Sin embargo, sí que puedes encontrarla más fácilmente en otros países europeos (Alemania y el Reino Unido son algunos de ellos).

En resumen, un *apprenticeship* es un programa de formación en el que una persona trabaja y recibe entrenamiento práctico para desarrollar una habilidad o para profundizar en una industria concreta. Durante esa etapa, el aprendiz trabaja junto a un profesional experimentado (al cual se le conoce como instructor o mentor) para adquirir tanto habilidades prácticas como conocimientos teóricos en ese campo. Y es justamente la combinación de esas dos vertientes lo que hace que el *apprenticeship* sea interesante: aplicas lo que aprendes a situaciones reales, mientras que recibes orientación y retroalimentación directa de expertos.

Estos programas suelen tener una duración definida y, en algunos casos, te dan una certificación al acabarlos. Tradicionalmente, los *apprenticeships* se veían más en trabajos manuales (carpintería, construcción, etc.), pero ahora los podemos encontrar en otros sectores como el empresarial, de la salud, tecnológico, etc.

Residencias artísticas

Una residencia artística es un programa que ofrece a artistas la oportunidad de vivir y trabajar en un lugar específico durante un periodo determinado. Lo interesante de esta opción es que, durante su estancia, los artistas hacen una inmersión en un entorno creativo donde dedicarse a su arte y a desarrollar nuevos proyectos.

Pueden variar mucho entre ellas, ya sea por el entorno (desde centros culturales, espacios de arte, instituciones educativas, entornos naturales…), el formato o el tamaño, pero suelen tener en común que proporcionan espacios para trabajar, alojamiento y, en ocasiones, apoyo financiero. Algunas se centran en un arte específico (pintura, escultura, escritura, música…), mientras que otras pueden ser multidisciplinarias.

Imagínate qué guay debe ser disfrutar de un espacio donde todo el mundo está centrado en crear, experimentar y crecer como artistas. ¡Qué enriquecedor debe ser estar en un entorno en el que interactuar e intercambiar ideas con tu tribu creativa!

Servicio militar

Aunque el servicio militar ya no sea obligatorio, sigue habiendo opciones relacionadas con el ejército al acabar el bachillerato. En caso de que te interese explorar este campo, puedes informarte en la web de las Fuerzas Armadas españolas o directamente en las oficinas de reclutamiento de tu provincia.

Si lo que te interesa es el servicio militar, estos son los tres pasos que debes tener en cuenta:

1. **Cumplir con los requisitos de acceso.** Tener la nacionalidad española, entre 18 y 22 años, haber superado el bachillerato o estar cursando segundo de bachillerato en la modalidad de Ciencias, no tener antecedentes penales y no tener tatuajes o *piercings* visibles con el uniforme.
2. **Presentar la solicitud de ingreso.** Una vez que sepas que cumples con los requisitos, presenta la solicitud o bien de forma presencial en las oficinas de reclutamiento, o bien a través de la página web de la Armada.
3. **Superar las pruebas de selección.** ¿Te han aceptado la solicitud? Ahora tocan las siguientes tres pruebas: aptitud física, conocimientos y una entrevista personal.

Podrás incorporarte una vez pasadas las pruebas.

Aunque, desde luego, servir en las Fuerzas Armadas no es para todos, sigue siendo una forma de desarrollarte profesionalmente. Por un lado, te ofrece una formación integral (ganarás habilidades personales y profesionales) y, por otro, te permite seguir formándote tanto en el ámbito militar como en el civil.

6. ASÍ QUE QUIERES PONERTE A TRABAJAR DIRECTAMENTE

A lo mejor has decidido que no quieres seguir formándote en el sistema educativo actual o tienes una idea de emprendimiento a la que deseas darle una oportunidad. O tal vez, más que tratarse de una decisión libre, tus circunstancias te obligan a ponerte a trabajar. Es muy diferente estar en una situación donde puedes elegir salir al mercado laboral, sabiendo que si las cosas van mal seguirás teniendo una red de apoyo, que ponerte a trabajar por necesidad y sin plan B. Elegir libremente es un privilegio que no siempre tenemos. Sea cual sea tu caso, **este capítulo está pensado para darte las herramientas que te permitan sacarle el máximo provecho a tu primera etapa laboral, tanto si es por elección propia como si no.**

Como hemos hecho en capítulos anteriores, comencemos remontándonos a los datos. Si recuerdas las conclusiones de las estadísticas que vimos en «Así que quieres ir a la universidad», estadísticamente, cuanto mayor es el nivel de estudios, mayores serán los salarios y menores las tasas de paro. Incluso si tomamos como referencia el sector *startup*, donde se suele ser más laxo con los estudios formales, se ha comprobado que la inmensa mayoría de los creadores de *startups* tienen al menos una licenciatura.

Siendo estas las perspectivas, ponerte directamente a trabajar no es una opción que yo recomiende de buenas a primeras; las estadísticas dicen que lo tendrás difícil. Pero, de nuevo, no es siempre una opción que tengamos la suerte de elegir y me gustaría complementar los datos anteriores con una reflexión: hay muchas elecciones en la vida en las que los números no estarán a tu favor. El 90 % de las *startups* van a fracasar, la tasa de aceptación para estudiar en Harvard hoy en día es ínfima y la tasa de aceptación para trabajar en Google es de un 0,67 %.[35] Y, aun así, los emprendedores siguen emprendiendo, los estudiantes siguen graduándose en Harvard y otras universidades prestigiosas y las *big tech* como Google siguen contratando constantemente (si no, yo no tendría trabajo). Y es que, al final, lo que no se ve tras estos números son todas aquellas personas que saben que cuando empiezan a prepararse con cabeza para las oportunidades

35. Google recibe millones de solicitudes al año, y acaba contratando a cerca de veinte mil candidatos

que son competitivas automáticamente comienzan a mejorar sus perspectivas.

Lo que quiero decir es que debo avisarte de que, de todos los escenarios que he presentado en este libro, este sea, probablemente, el que tenga más posibilidades de torcerse. Pero, si estás tomando este camino por elección propia y tu familia y amigos no te han bajado del burro, tengo clarísimo que no voy a ser yo la que lo consiga. En cambio, me parece un mejor uso de nuestro tiempo darte herramientas para que puedas sacarle todo el provecho a la decisión que acabas de tomar y maximizar tus probabilidades de éxito.

Trabajador, pero... ¿de qué tipo?

La primera decisión que hay que tomar una vez que decides lanzarte a trabajar es: ¿quiero trabajar para mí o para terceros?

En caso de que quieras trabajar para otros, te recomiendo encarecidamente que leas con calma la tercera parte de este libro, en la que vamos a desmitificar el mercado laboral. Ahí veremos cómo hacer frente a tus primeros procesos de selección, cómo crear tu CV desde cero y cómo potenciar tu presencia en LinkedIn para hacer que tu perfil sea lo más atractivo posible para los empleadores.

En el caso de que quieras trabajar para ti mismo, hay varias cosas que deberías tomar en consideración antes de salir al mercado. Una de ellas es el tipo de entidad jurídica que te va a respaldar. Existen de muchos tipos, pero vamos a centrarnos en ver las características, ventajas e inconvenientes de las dos estructuras más comunes: autónomo y sociedad limitada (S.L.).

Autónomo

Llamamos «autónomo» a un empresario individual que realiza de forma habitual y en nombre propio una actividad económica con finalidad de lucro. Dicho de otra manera: es una persona que dirige su propio negocio sin la necesidad de socios, por lo que es el responsable de tomar las decisiones de su empresa. Pero como diría Ben Parker: «Un gran poder conlleva una gran responsabilidad», y, desde luego, un autónomo no se libra de las suyas. Vamos a verlas analizando las ventajas e inconvenientes de los autónomos.

PROS

- **Eres tu propio jefe.** Tú decides qué hacer, cómo hacerlo y cuándo hacerlo. Eso significa que tu éxito profesional depende de ti y te dota también de una flexibilidad muy grande para compaginar trabajo con vida personal.
- **Forma empresarial idónea para empresas pequeñas.** Es una estructura que está pensada para gente que se comienza a embarcar en sus aventuras empresariales.
- **Facilidad de tramitación.** Es probablemente la estructura empresarial más sencilla de tramitar y mantiene los costes relativamente bajos.

CONTRAS

- **Tu responsabilidad es ilimitada.** Es muy importante que entiendas esto: si la lías, respondes con tu patrimonio personal ante las deudas que hayas generado. Por ejemplo, en caso de que te endeudes y no tengas liquidez para hacer frente a tus deudas, te podrían reclamar que vendas tus bienes personales para pagar lo que debes. Sí, eso puede incluir una casa a tu nombre, tu coche, tus ahorros personales, joyas…
- **Responsabilidades de gestión**. No solo eres tú el responsable de tus gastos e inversiones, sino que también eres el responsable final de que la gestión y administración de tus proyectos esté en regla.
- **Cuota mensual.** Una vez que te das de alta como autónomo, te comprometes a pagar la cuota mensual. Tu cuota dependerá de muchos factores, por lo que, si es un escenario que te planteas, te recomiendo consultar tu caso online o con un experto.[36]

Si decides que quieres darte de alta como autónomo, tienes que hacerlo antes de empezar tu actividad (de lo contrario, perderás el derecho a algunos beneficios sobre tu cuota). A día de la escritura de este libro, estos son los pasos a seguir:

1. **Tramitación en Hacienda**
   - Solicita tu número de identificación fiscal (NIF) o tu certificado de residencia (en caso de ser extranjero).
   - Rellena el modelo 036 o 037 para darte de alta en el Censo de empresarios, profesionales y retenedores.
   - Presenta la documentación en la Agencia Tributaria.

2. **Tramitación en la Seguridad Social**
   - Date de alta en el Régimen Especial de Trabajadores Autónomos (RETA) presentando el modelo TA.0521 junto con una fotocopia de tu DNI (o equivalente) y tu número de afiliado de la Seguridad Social.
   - Elige la mutua colaboradora con la Seguridad Social.
   - Presenta la documentación en la Tesorería General de la Seguridad Social.

Sociedad Limitada (S.L.)

Una alternativa a darte de alta como autónomo es crear tu sociedad limitada (S.L.). Una S.L. es un tipo de sociedad mercantil con personalidad jurídica propia en la que la responsabilidad de los socios se limita al capital aportado. Es decir: los dueños de la empresa solo arriesgan el dinero que invierten, no sus bienes personales.

36. Para que te hagas una idea, el importe de la cuota de autónomos varía en función de diferentes factores: ingresos, edad, el régimen de cotización o si se acoge a alguna bonificación o reducción por determinadas circunstancias. Además, suele haber cambios en las cuotas de autónomos, por lo que la mejor forma de saber cuánto vas a pagar es siempre consultarlo con un experto.

De forma muy simplista, alguien puede escoger abrir una S.L. por encima de darse de alta como autónomo en los siguientes casos:

- Quiere abrir un negocio junto con más personas.
- Su negocio requiere una inversión inicial considerable y le interesa tener mejor acceso a financiación.
- Quiere proteger su patrimonio y el de sus socios.

Estas serían otras diferencias entre ambas opciones a tener en consideración:

CRITERIO	AUTÓNOMO	S.L.
Responsabilidad	**Ilimitada.** Respondes con todo tu patrimonio presente y futuro.	**Limitada al capital social.** Salvo excepciones, solo respondes con el capital que has aportado a la empresa.[37]
Coste de constitución	**Bajo.** Solo necesitas darte de alta en Hacienda y Seguridad Social.	**Medio.** Hay que realizar una escritura pública, inscribirse en el Registro Mercantil y depositar el capital social.
Trámites administrativos	**Sencillos.** Puedes hacerlo online o en persona.	**Más complejos.** Por lo general, se requiere la ayuda de un gestor. Por ello, no vamos a entrar en detalle en este libro sobre cómo crearla.

37. En 2022, el capital mínimo necesario para constituir una S.L. pasó de 3.000€ a 1€. Sin embargo, esto conlleva algunas excepciones que pueden hacer que tu responsabilidad sea superior a 1€, por lo que siempre sugiero tratarlo con expertos. En cualquier caso, a diferencia de lo que ocurre con la figura de autónomos, tu responsabilidad no es ilimitada.

Gestión	**Unilateral.** Eres el único responsable de la toma de decisiones y la gestión del negocio.	**Compartida por la junta directiva.** Las decisiones se toman en conjunto por los socios de la empresa. El número mínimo de socios es 1 (lo que correspondería a una Sociedad Limitada Unipersonal) y el máximo es de 50.
Fiscalidad	**IRPF.** Pagas impuestos sobre tus ingresos netos, con un porcentaje que crece a medida que aumenta tu renta.	**Impuesto de sociedades.** La empresa paga un impuesto del 25 % sobre sus beneficios.
Financiación	**Limitada.** Es posible que tengas más dificultades para acceder a financiación bancaria.	**Más accesible.** Puedes obtener préstamos y créditos avalados por la empresa.
Imagen profesional	**Menor.** Se percibe como un trabajador por cuenta propia.	**Mayor.** Se percibe como una empresa más «formal» y estable.

En cualquier caso, antes de meterte de lleno en esto asegúrate de que estás familiarizado con todo lo que conlleva tu decisión. Si sientes que todo esto te sobrepasa un poco (créeme, es confuso para todos), no dudes en consultarlo con profesionales que puedan echarte un cable.

Crea tu propio plan de desarrollo profesional

Independientemente de si decides ponerte a trabajar para un tercero o por cuenta propia, uno de los primeros retos a los que te vas a enfrentar es que no tendrás esos años de estudiante en los que explorar tus intereses en un entorno seguro. Adicionalmente, tampoco accederás a los servicios de orientación profesional que suelen proporcionar las instituciones educativas, por lo que te tocará montártelo por tu cuenta. Uno de los ejercicios que te ayudará a hacer frente a esos desafíos es crear un plan de desarrollo profesional (PDP) sólido.

Un PDP es sencillamente una hoja de ruta o un documento que te ayudará a planificar tus objetivos profesionales a corto, medio y largo plazo. De esa forma, tendremos siempre presente hacia dónde nos dirigimos, qué habilidades necesitamos desarrollar y qué acciones tomaremos para lograr lo que nos hemos propuesto. No es un documento estático, ¡al contrario! Deberías tenerlo a mano para modificarlo periódicamente. Si quieres crear tu PDP, te propongo estos cinco pasos a seguir:

1. **Evalúa tu situación actual.**

Para saber a dónde vamos necesitamos saber dónde estamos. Vamos a evaluar cuáles son nuestros intereses personales y profesionales, así como nuestras fortalezas y puntos de mejora. Si has realizado los ejercicios propuestos en el primer bloque de este libro es probable que ya tengas una idea de esto.

2. **Define tus objetivos.**

A la hora de establecer objetivos, siempre recomiendo usar el método SMART. Tus objetivos deberían ser específicos (*Specific*), medibles (*Measurable*), alcanzables (*Achievable*), relevantes (*Relevant*) y de duración determinada (*Time-bound*). Por ejemplo:

«Conseguiré trabajo como comercial júnior en una empresa del sector tecnológico en el próximo año» define claramente tanto el tipo de trabajo como el sector, lo puedes medir tanto por el número de entrevistas de trabajo como por el contrato laboral firmado, es un objetivo realista por el tipo de puesto, experiencia y sector, está alineado con los intereses personales de la persona y ocurrirá en un plazo de tiempo definido de doce meses.

Adicionalmente, sería útil que establecieras objetivos a diferentes plazos: corto (lo que quieres conseguir en las próximas semanas), medio (en los próximos meses) y largo (a meses o años vista).

3. **Diseña tus estrategias.**

Una vez que tengas claros tus objetivos, toca diseñar las estrategias para lograrlos. ¿Cuál va a ser tu plan de acción? Establece qué pasos vas a seguir para ampliar tus conocimientos o desarrollar nuevas habilidades porque que estés trabajando no significa que hayas renunciado a formarte. Simplemente, tu formación es mucho más autodidacta y ocurre fuera de las aulas. Por ende, ¿cómo seguirás aprendiendo?

Estos son algunos recursos a tu disposición: realizar cursos en línea, apuntarte a las formaciones disponibles dentro de tu empresa, nutrir tu red de contactos y aprender de otros profesionales, encontrar un *coach* o un mentor, asistir a talleres de tu zona o incluso formarte por tu cuenta a través de contenido divulgativo online. Lo importante es no perder de vista que hay que seguir aprendiendo para que nuestro perfil continúe siendo atractivo en el mercado laboral.

4. **Hazlo tangible.**

Ya sabes qué quieres lograr y qué recursos tienes a tu disposición. Ahora toca aterrizar todo lo anterior para tener plazos definidos. ¿Cómo vas a llevarlo a cabo? Crea un cronograma con plazos definidos, de forma que puedas evaluar cómo vas con tu progreso. Recuerda que tu plan debería ser realista: es más importante cumplirlo e ir paso a paso y con buena letra que ponernos objetivos ultraambiciosos que no se cumplan y nos dejen con una sensación de desaliento.

5. **Dale seguimiento a tu PDP.**

Esto es como los propósitos de Año Nuevo: está muy bien enumerarlos, pero de poco sirven si no trabajamos con disciplina y constancia para hacerlos realidad. Dale seguimiento a tu plan de desarrollo profesional para asegurarte de que sigue siendo relevante. Recuerda que este documento tiene que ser una ayuda y una herramienta para mejorar: no tengas miedo de modificarlo y actualizarlo con los nuevos objetivos que te vayas marcando.

En definitiva, ponerte a trabajar desde ya requiere que tomes el toro por los cuernos a muchos niveles diferentes. No descuides tu formación ni tus ambiciones. Ahora tienes completa libertad para organizarte a tu manera. ¡A por ello!

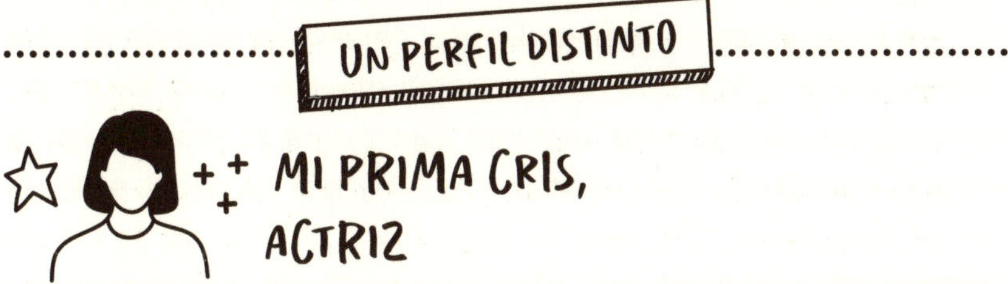

No podía acabar este capítulo sin compartirte la historia de mi prima Cris. Es una de las personas que más ha velado por mí y es un ejemplo de empatía, emprendimiento y perseverancia. Además, Cris es actriz de teatro y tuvo la suerte de dar con su pasión relativamente pronto en su vida, por lo que dejo que sea ella la que te cuente su historia:

Comencé el bachillerato sintiendo que ninguna de las cuatro opciones que nos ofrecían se adaptaba a lo que yo quería hacer. En ese momento, el bachillerato artístico era exclusivamente de artes plásticas y todavía no existía el bachillerato de artes escénicas. Y no me planteé la opción de hacer una FP, ya que en aquel entonces se asociaba esa opción a alumnos que no eran capaces de seguir el ritmo de la educación tradicional. Acabé escogiendo el bachillerato social con la sensación de que lo hacía por cumplir con lo que tocaba.

Pasaron los dos años de bachillerato sin tener claro qué haría después, pero comenzaba a estar segura de que no quería seguir en una institución educativa tradicional. Me daba pereza apuntarme y pasar cuatro o cinco años sentada en una silla escuchando y memorizando en la universidad. Pero sí que sabía una cosa: el teatro llevaba años formando parte de mi vida, y quería que siguiera así. Y, claro, la opción de hacerlo como extraescolar llegaba a su fin. Sabía que me gustaría vivir haciendo teatro, pero tampoco estaba segura de cómo conseguirlo. Mi plan era buscar la forma de vivir de mi pasión mientras hacía un curso o estudios no reglados de cosas concretas que me pudieran interesar.

Una vez acabado el bachillerato, tenía la sensación de que empezaba la vida y que aún no sabía muy bien qué hacer. Así que busqué algún curso que me apeteciera probar y pasé el verano trabajando para ayudar a la familia a pagarme el alquiler en Barcelona. Me apunté a un curso abierto de la UB de producción y locución de radio, a un curso de quiromasaje y a la formación para sacarme el título de monitora de ocio. Todas esas eran cosas que me gustaban y que pensaba que me servirían para empezar a trabajar rápido, ser independiente y pagarme yo misma los cursos de teatro. Pero no llegué a terminar el curso de quiromasaje ni el de monitora de ocio porque me salió la posibilidad de trabajar en la compañía Zum Zum Teatre de Lleida. Así que en 2008, con 19 años, empezaba una gira de teatro por España, en la que nos pasamos siete meses arriba y abajo en una furgoneta. Hicimos el espectáculo 210 veces. Prácticamente cada día llegábamos a las ocho de la mañana a un teatro, montábamos y hacíamos dos o tres funciones para alumnos de escuelas e institutos. Desmontábamos, volvíamos a cargar la furgoneta y por la tarde carretera hasta la próxima ciudad. Unos meses muy intensos, que me sirvieron para ganar mi primer sueldo haciendo teatro y afirmar que, a pesar de los sacrificios (los madrugones a las 5.00, las horas de furgoneta, los montajes y desmontajes…), eso era lo que quería hacer. Contar historias sobre un escenario.

Y desde entonces no dejé de trabajar, enfocada en el objetivo de vivir exclusivamente del teatro. En 2009 mi pareja y yo comenzamos la aventura de crear nuestra propia compañía. Yo tenía 20 años, me hice autónoma y creamos Campi qui Pugui

Teatre. Los primeros años alterné trabajar para nuestra compañía con otras empresas de teatro y otros trabajos temporales. En los años siguientes me mudé a París para seguir formándome y me apunté a la UOC, en la que haría algunas asignaturas del grado de Comunicación.

Pero llegó un momento en que nos dimos cuenta de que, si realmente queríamos prosperar con nuestro proyecto y nuestra compañía, teníamos que dedicar el 100% de la energía al proyecto de Campi qui Pugui. Así que dejamos de trabajar para otros y yo abandoné la UOC. Me di cuenta de que esta falsa sensación de seguridad que me daba hacer unos estudios más normativos y más formales en realidad me estaba quitando tiempo para probar por completo si éramos capaces de tirar adelante solo con nuestro proyecto. Y, aunque estudiar Comunicación a distancia me estaba gustando y era un buen complemento para mi proyecto, cuando centramos toda nuestra energía en nuestra compañía, esta empezó a evolucionar con mucha rapidez.

No se trata de ser capaces, se trata de atreverse. Todas las personas son capaces, pero no todas se atreven. Tomar riesgos es difícil, pero quien no arriesga no gana. Y, si lo haces a medias, los resultados también son a medias.

Ahora tengo 35 años y mi (nuestra) propia compañía de teatro, que es una empresa cooperativa con cuatro trabajadores en nómina a jornada completa en la oficina (sí, las compañías de teatro también tienen oficina) y seis actores y actrices. Hacemos giras internacionales y nos han contratado en más de quince países: Australia, Canadá, Corea del Sur, China, Dinamarca, Reino Unido, Alemania, Francia, Portugal, Países Bajos, Italia, Rumanía, Lituania, Luxemburgo, Austria... Y estoy feliz porque mi trabajo me permite combinar mis dos pasiones: el teatro y viajar.

Si, como Cris, sabes que quieres lanzarte a la aventura profesional, hay diferentes puntos importantes que debes tener en mente. Por un lado, **hazlo con propósito**, no por desgana, porque *if you fail to plan, plan to fail.* O lo que es lo mismo: si fracasas en tu planificación, planificas tu fracaso. Vas a estar trabajando la mayoría de tu vida, así que piensa a largo plazo. Y, por otro, dale una vuelta a estas preguntas: ¿tienes claro qué es realmente lo que quieres conseguir? ¿Cuál es tu plan a largo plazo? ¿Qué sueño estás persiguiendo? ¿Por qué es algo que no puedes o quieres compaginar con la formación tradicional? La formación existe tanto dentro como fuera del aula, así que ¿cómo planeas seguir formándote? ¿Con qué apoyo cuentas si las cosas se tuercen? ¿Qué harás si todo sale bien? Y, si todo sale mal, ¿en qué momento dices «hasta aquí»? ¿Cuál es tu plan B?

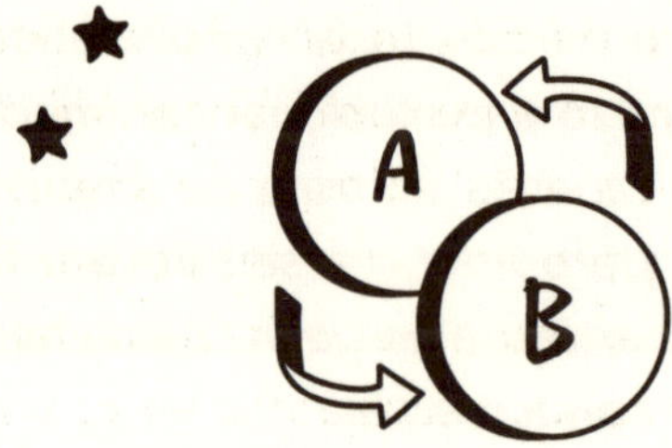

En mi opinión, si estás pensando en comenzar esta etapa porque no tienes muy claro qué hacer, tal vez lo mejor sea plantearlo como un año sabático de descubrimiento personal más que como una renuncia a la educación tradicional.

Pero si tienes proyectos que te llenan de energía con solo pensar en ellos, si sabes que te gustan tanto que el éxito o el fracaso se vuelven irrelevantes, si los proyectos te están pidiendo a gritos trabajar en ellos..., estoy convencida de que vas a encontrar la forma de encauzarlos. La vida es larga, todo irá bien y eres suficientemente espabilado para sacarlos adelante.

7. AYUDAS ECONÓMICAS

Si estás en un punto en el que tienes claro qué te gustaría hacer, pero tu principal preocupación es cómo financiarlo, antes de que descartes ninguna idea te animo a que valores todas las opciones disponibles. En lugar de pensar: «No se puede», me parece mucho más productivo reformularlo como: «¿Qué puedo hacer para que se pueda?». Aquí comparto contigo algunas formas de financiación.

Becas del Ministerio de Educación (Gobierno de España)

Las becas del Ministerio de Educación y Formación Profesional (MEFP), conocidas comúnmente como becas MEC, son programas de ayuda económica impulsados por el Gobierno para respaldar a estudiantes en diferentes niveles educativos.

Estas becas tienen como objetivo facilitar tanto el acceso como la permanencia de los estudiantes en el sistema educativo. Abarcan desde bachillerato hasta estudios universitarios y de posgrado, y pueden cubrir total o parcialmente la matrícula o los gastos de residencia. Te resumo las más populares, pero hay muchas más.

Beca general

Esta beca tiene como objetivo apoyar a estudiantes que cursan estudios de grado y máster en universidades españolas. Se otorga en función de la renta familiar, el rendimiento académico y otros criterios. Incluye diferentes componentes como la beca de matrícula, la beca de residencia y la beca variable.

Beca para estudios postobligatorios
Dirigida a estudiantes que cursan estudios de bachillerato, formación profesional, artes plásticas y diseño, enseñanzas deportivas o enseñanzas artísticas superiores.

Beca para estudios de grado con necesidades específicas de apoyo educativo
Diseñada para estudiantes con discapacidad que cursan estudios de grado.

Beca de movilidad para estudios universitarios
Facilita la movilidad de estudiantes entre universidades españolas y extranjeras, incluyendo programas Erasmus+.

Beca de colaboración con departamentos universitarios
Ofrece apoyo económico a estudiantes que colaboran en proyectos de investigación y tareas administrativas en departamentos universitarios.

Beca para el estudio de música y danza
Dirigida a estudiantes que cursan enseñanzas artísticas superiores de música y danza.

Becas por comunidades autónomas

Hacer un listado completo de todas las becas de todas las comunidades autónomas sería poco realista porque cada una tiene varias distintas, pero comparto aquí las más relevantes.

Andalucía

Beca Adriano: para estudiantes con buen rendimiento académico y bajos recursos económicos. También hay una versión de esta beca para los deportistas de alto nivel andaluces que deseen compaginar sus estudios con el entrenamiento deportivo.

Beca 6000: destinada a estudiantes andaluces que cursan estudios de grado y que cumplen con ciertos requisitos de renta familiar.

Beca Andalucía Segunda Oportunidad: dirigida a personas que deseen retomar sus estudios tras haberlos abandonado anteriormente.

Beca Andalucía Digital: orientada a estudiantes de ciclos formativos de grado superior con especialización en áreas tecnológicas.

Beca de movilidad para estudios universitarios: apoya la movilidad de estudiantes andaluces entre universidades de Andalucía y el resto de España.

Cataluña

Beca Equitat: para apoyar a estudiantes con necesidades económicas en estudios universitarios.

Beca para estudiantes de nuevo ingreso en la universidad: diseñada para apoyar a estudiantes de nuevo ingreso en su primer año de estudios universitarios.

Beca de excelencia académica de la Generalitat de Catalunya: dirigida a estudiantes con un expediente académico destacado que cursan estudios universitarios en Cataluña.

Comunidad de Madrid

Beca de excelencia académica de la Comunidad de Madrid: dirigida a estudiantes con un expediente académico destacado que cursan estudios universitarios en la Comunidad de Madrid.

Beca de movilidad para estudios de Formación Profesional: facilita la movilidad de estudiantes de Formación Profesional en la Comunidad de Madrid.

Beca de movilidad para estudios universitarios: orientada a estudiantes que participan en programas de movilidad internacional.

Beca de ayuda al estudio para estudiantes con discapacidad: ofrece apoyo económico a estudiantes con discapacidad que cursan estudios en la Comunidad de Madrid.

Beca de colaboración con la Comunidad de Madrid: para estudiantes universitarios que colaboran en proyectos de investigación y tareas administrativas.

Galicia

Beca salario: proporciona apoyo económico a estudiantes de familias con dificultades económicas.

Beca Excelencia Juventud Exterior: orientada a jóvenes gallegos en el exterior que hayan destacado en sus estudios.

Comunidad Valenciana

Beca de carácter general: apoyo económico para estudiantes con bajos recursos económicos que cursan estudios universitarios.

Beca de excelencia: dirigida a estudiantes con un expediente académico destacado.

Beca salario para estudios de Formación Profesional de Grado Superior: apoyo económico para estudiantes de Formación Profesional de Grado Superior.

Beca de movilidad para estudios universitarios: facilita la movilidad de estudiantes entre universidades de la Comunidad Valenciana y otras regiones.

Beca para estudios de danza y conservatorios superiores de música: ayuda económica destinada a estudiantes que cursan estas disciplinas en centros educativos reconocidos.

Beca para la realización de estudios universitarios en valenciano: apoyo económico para estudiantes que eligen estudiar en lengua valenciana.

País Vasco

Beca Global Training: apoya la realización de prácticas internacionales para jóvenes titulados.

Beca de formación para el empleo: destinada a jóvenes titulados que deseen mejorar su formación en áreas específicas.

Beca para estudios universitarios en el extranjero: orientada a estudiantes que deseen realizar parte de sus estudios fuera de España.

Beca para estudios de Formación Profesional en el extranjero: facilita la movilidad internacional de estudiantes de Formación Profesional.

Beca para la formación dual: destinada a estudiantes que participan en programas de formación dual, combinando estudios y trabajo.

Beca de colaboración con empresas: para estudiantes universitarios que colaboran con empresas en proyectos específicos.

Beca de colaboración con centros tecnológicos: dirigida a estudiantes que colaboran en proyectos de investigación en centros tecnológicos.

Estas becas son para personas nacidas o residentes en esas comunidades autónomas. Si la tuya no está entre este listado (ya te digo que ponerlo todo sería una locura), haz una búsqueda en sus respectivos sitios web oficiales, verás como encuentras más de una que se adapta a tus necesidades.

Becas de fundaciones privadas

Aparte de los organismos públicos, también hay fundaciones privadas que ofrecen ayudas financieras.

Beca de la Fundación Amancio Ortega para estudios universitarios: brinda apoyo económico para la realización de estudios de grado.

Beca de la Fundación ONCE para estudiantes universitarios con discapacidad: otorga becas a estudiantes universitarios con discapacidad, proporcionando apoyo financiero para facilitar su acceso y éxito en la educación superior.

Beca de la Fundación Repsol para estudiantes de Ingeniería y Ciencias: ofrece becas dirigidas a estudiantes universitarios que cursan carreras de ingenierías y ciencias.

Beca de la Fundación Iberdrola para estudiantes de Energía y Medioambiente: apoya a estudiantes universitarios en áreas relacionadas con la energía y el medioambiente, fomentando la investigación y la formación en estos campos.

Beca de la Fundación Mapfre para estudiantes universitarios: apoya a estudiantes en diversas áreas, cubriendo aspectos como la formación, la investigación y la movilidad académica.

Beca Fulbright: es una beca internacional para estudiantes, profesores e investigadores para realizar estudios, enseñanza o investigación en Estados Unidos.

Becas Erasmus+: es un programa de la Unión Europea que ofrece becas a estudiantes para realizar estudios o prácticas en otro país de la Unión Europea.

Becas Santander: becas internacionales que permiten a los estudiantes de grado realizar estudios en universidades de todo el mundo. Las becas pueden cubrir la matrícula, los gastos de manutención, los gastos de viaje y otros gastos relacionados con los estudios.

Becas Iberoamérica: becas de cooperación internacional dirigidas a estudiantes de grado de España y América Latina para que realicen estudios en universidades de ambos continentes. Pueden cubrir la matrícula, los gastos de manutención, los gastos de viaje y otros gastos relacionados con los estudios.

Estas son solo algunas de las becas disponibles, ¡pero hay tantísimas más! A pesar de que siempre vas a tener información más actualizada online, quería incluir un apartado con las becas para hacerte llegar la idea de que, si necesitas ayuda económica, es probable que encuentres lo que buscas.

Veo a muchísima gente que se corta las alas incluso antes de intentarlo; y no agotan todos los recursos que tienen a su disposición. Sobre todo, si no tienes ningún referente de alguien que lo haya conseguido antes, es muy fácil que pienses que no es posible.

TRUCO DE PRO

La heurística de disponibilidad es un concepto que suena un poco complejo, pero en realidad no lo es; le da nombre a un fenómeno muy común: creer que la probabilidad de que algo suceda es más alta si te resulta fácil recordar ejemplos de ello. Esto puede influir en nuestra toma de decisiones de muchas maneras diferentes. Por ejemplo, aquellos que conocen a alguien que ha ganado la lotería creerán que la probabilidad de ganarla es más alta de lo que realmente es. De la misma forma, si estuvieses en un grupo en el que todo el mundo estuviera encontrando formas de estudiar en el extranjero, tú también creerías que es fácil hacerlo.

Esto es solo un punto más a favor de elegir muy bien tus amistades y la gente con la que te rodeas. Si estás en un entorno de gente conformista, donde predomina un pesimismo constante, vas a empaparte de eso y de las barreras mentales de todos los demás. Juntarte con amigos resolutivos, inconformistas y ambiciosos es la mejor manera de comenzar a creer que lo que la gente tilda de imposible solo lo es porque ellos no lo han hecho.

Soy cada vez más partidaria del «lo hacemos y ya vemos», especialmente en los casos en los que no tienes nada que perder. No seas tú el que ponga límites a tus sueños. Si te comes un «no» con patatas, que sea porque viene de los demás, no de ti mismo. Recuerda: el «no» ya lo tienes de entrada, así que inténtalo.

8. ELIJAS LO QUE ELIJAS, EXPRÍMELO AL MÁXIMO

Podría dejar esta sección ahí, solo con el título, porque probablemente sea la parte más importante del libro. Llegará un momento en el que no sigas teniendo todas las puertas abiertas y, finalmente, debas decidir qué hacer. Y te voy a contar un secreto: **muchas veces es más significativo lo que haces con lo que has elegido que lo que eliges en sí.**

Sobre todo en este contexto, muchos nos concentramos tanto en el peso de esta elección que nos olvidamos de que lo importante es saber exprimir y potenciar al máximo lo que acabes decidiendo. En clase te habrán hablado de qué opciones tienes, pero no de cómo sacarles el máximo partido.

Vamos a parar un segundo y ponernos en el lugar de tu futuro empleador. Imagínate a una persona sentadita en su mesa de trabajo leyendo currículums. Junto al tuyo, están las hojas de vida de otros estudiantes, muchos de los cuales han estudiado en tu misma uni o centro educativo. La universidad a la que quieres entrar parece muy exclusiva mientras estás fuera, pero, al acabar, de repente te das cuenta de que hay miles de personas con perfiles similares al tuyo buscando trabajo. Pues sí, es un trago amargo descubrir que eso por lo que has sudado sangre durante años apenas va a diferenciar tu perfil. **Han cambiado mucho las cosas desde los tiempos de nuestros abuelos, cuando bastaba con tener una carrera para conseguir trabajo.**

Por ello, una vez que hayas tomado la decisión de qué hacer al acabar el bachillerato, tu siguiente prioridad debe ser analizar cómo sacarle el máximo provecho a todos los «pros» que trae consigo tu decisión. Pensar en todas las opciones que dejas atrás, los «¿Qué habría pasado si…?» es una pérdida de energía y tiempo. Ir a por todas con lo que tenemos es, efectivamente, la mejor manera de diferenciar tu perfil.

No hay que esperar a acabar los estudios para ponerse a ganar experiencia por miedo a perderse «la experiencia universitaria».[38] La experiencia universitaria la vas a tener yendo a la universidad. En cambio, no usar todos los recursos que te ofrece la universidad cuando estás en ella es un error.

A mi modo de ver, **hay dos formas de diferenciar un perfil universitario: o bien por la vía de la excelencia académica (destacar por tus notas), o bien vía extracurriculares (destacar por tu experiencia)**. Algunos pueden hacer ambas cosas: sacar notas brillantes e involucrarse en mil actividades diferentes, pero no suelen ser los perfiles mayoritarios. Lo natural es que si andas metido en otros proyectos pierdas algo de foco en las asignaturas.

38. Aquí hablo de la experiencia universitaria por ser la opción de formación más común, pero la idea sirve para cualquier opción formativa que elijas.

La idea más popular suele ser: sacar buenas notas = buen trabajo. Por eso, hay toda una estructura de apoyo a estudiantes que quieren centrarse en sacar buenas notas. En cambio, no hay tanto apoyo para los estudiantes que quieran diferenciar su perfil mediante extracurriculares. A mí me hubiese encantado tener una chuleta de cuáles eran las opciones que mi centro educativo me ofrecía. Ahora, tras años en el mercado laboral, comienzo a ver cuáles son los puntos en común de los perfiles disputados por las empresas. Y te los voy a resumir a continuación para que, elijas lo que elijas, entres directamente con la mentalidad de hacer lo mejor con lo que tienes.

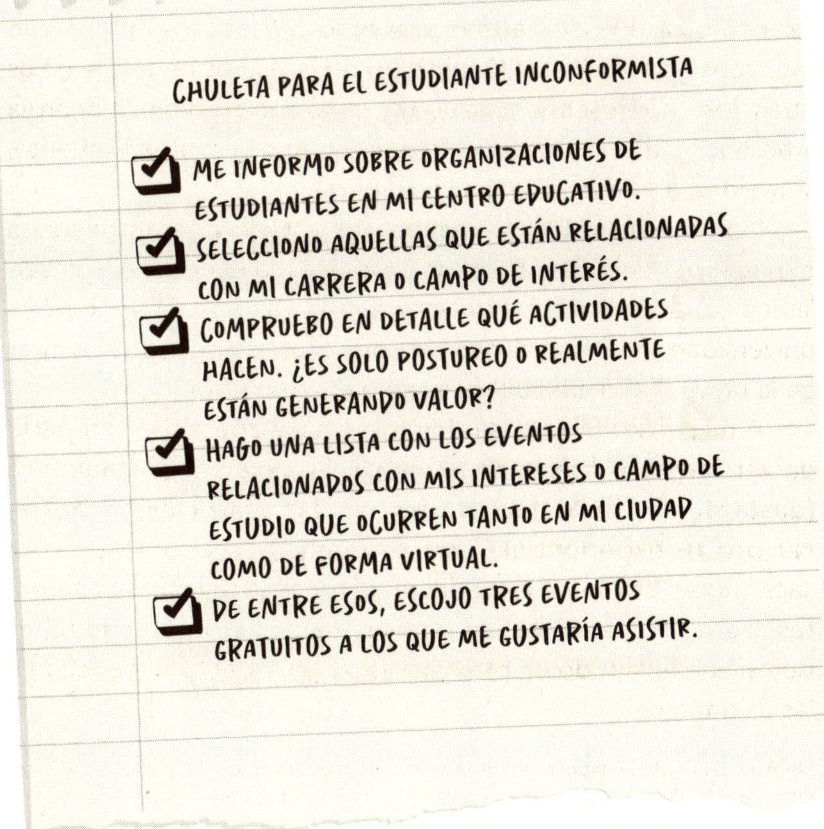

- [x] ME MARCO UN OBJETIVO POR CADA EVENTO AL QUE VOY QUE ME HAGA SALIR DE MI ZONA DE CONFORT. POR EJEMPLO: CONOCER AL PONENTE EN PERSONA, INTERCAMBIAR CONTACTO CON OTRO ASISTENTE, HABLAR CON CINCO PERSONAS NUEVAS DURANTE EL ESPACIO DE NETWORKING, ETCÉTERA.
- [x] CREO UNA LISTA CON CINCO POSICIONES DE PRÁCTICAS QUE ME INTERESAN PORQUE SE VINCULAN CON MIS OBJETIVOS DE CARRERA A LARGO PLAZO.
- [x] INVESTIGO QUÉ TIENEN EN COMÚN LAS PERSONAS QUE CONSIGUEN POSICIONES SIMILARES Y SACO IDEAS SOBRE QUÉ MÁS PODRÍA HACER YO PARA REFORZAR MI PERFIL.
- [x] ESCOJO UN IDIOMA QUE QUIERO REFORZAR Y ME MARCO UN OBJETIVO CON ESE IDIOMA (EXAMEN DE NIVEL, EXPERIENCIA EN UN PAÍS, ETC.).
- [x] ENCUENTRO OPCIONES DE VOLUNTARIADO EN LAS QUE YO APORTO AL VOLUNTARIADO Y EL VOLUNTARIADO ME APORTA A MÍ.
- [x] CONSIGO EXPERIENCIAS DE LIDERAZGO QUE ME PERMITAN MEDIR MI IMPACTO EN ESE PUESTO DE FORMA CUANTITATIVA.
- [x] NO ME OLVIDO DE EXPLORAR MIS PASIONES PORQUE NUNCA SÉ DÓNDE ME VAN A LLEVAR. ¿QUÉ ES LO QUE ME HACE SENTIR VIVO Y QUE PUEDO SEGUIR COMPAGINANDO CON LA UNI?

Y TÚ, ¿QUÉ OTROS PUNTOS AÑADIRÍAS A ESTA LISTA?

Si insisto tanto en ser inconformista durante el paso por la universidad es porque yo lo he vivido de primera mano. Ahora, cuando alguien se mete en mi perfil de LinkedIn, lo que ve son los resultados del esfuerzo, no todo lo que ha ido ocurriendo entre bastidores. Y, cuanto más tiempo pasa, más me doy cuenta de lo mucho que les debo a las elecciones acertadas de la Adri universitaria.

Lo que más claro me queda es que explorar y buscar oportunidades de crecimiento depende más de tu propia disciplina personal que de sentirte motivado. Cuando escucho que hay gente que no hace algo porque «no se siente motivada» me entran todos los picores. **La motivación es una consecuencia de la disciplina, y no al revés.**

La motivación, por muy bonita que sea, es un sentimiento. Y, como todo sentimiento, es pasajero. Entonces ¿cómo se nos ocurre darle la responsabilidad de ejecutar a una emoción pasajera? Nuestra capacidad de hacer no puede estar condicionada a nuestros sentimientos; igual que no solo pasas a la acción cuando estás feliz, no puedes pasar a la acción solo cuando estás motivado.

Pero hay algo en lo que sí podemos confiar, una y otra vez: la disciplina. A diferencia de la motivación, la disciplina no es una emoción, sino un hábito. Es como un músculo que puedes trabajar y reforzar a diario para que el día que la motivación no esté ahí siga respondiendo. No hay ni un solo proyecto que se haya sacado adelante tirando únicamente de motivación, ¡al contrario! ¿Recuerdas cómo fue la última vez que comenzaste a trabajar en algo nuevo? **Arrancar proyectos siempre depende más de nuestra capacidad de ser constantes y perseverar que de golpes de inspiración momentánea.**

Por lo tanto, la secuencia no es motivación ▸ acción ▸ resultados, sino:

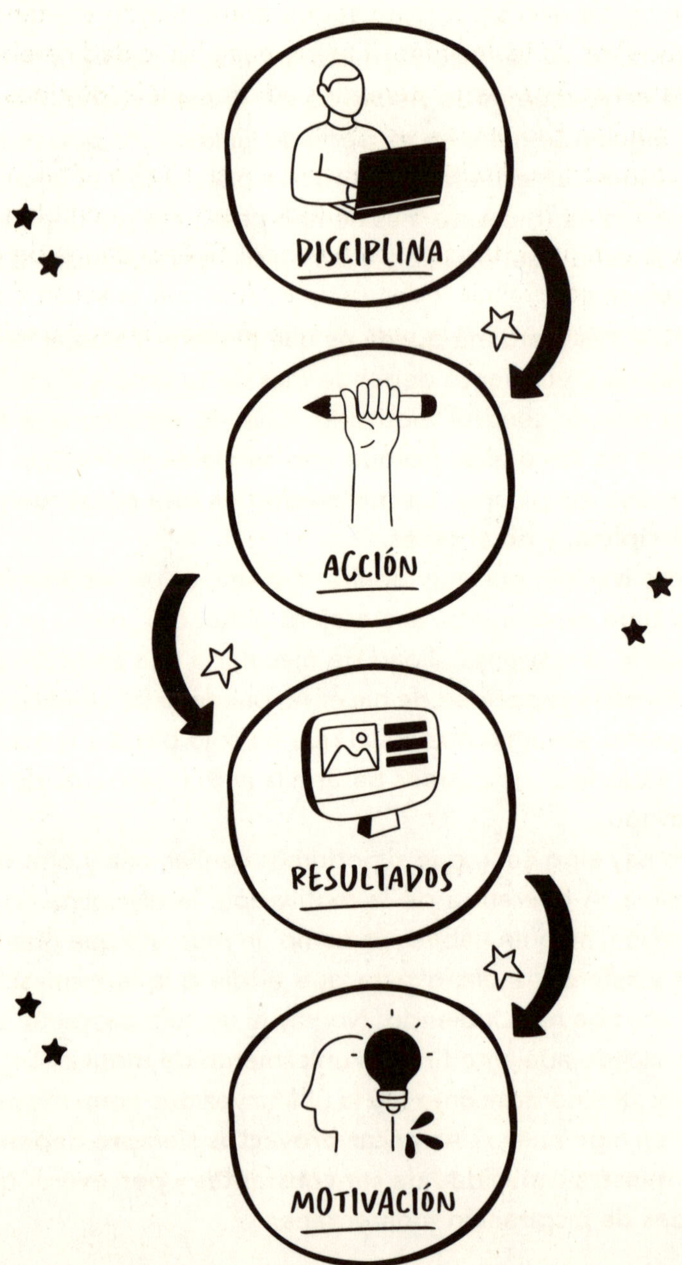

Se habla mucho de la plasticidad cerebral de los niños y de lo fácil que es aprender algo cuando eres pequeño, pero eso no debe servir de excusa para no seguir aprendiendo y retándonos de adultos. Vale, los niños tienen más plasticidad cerebral, pero ¿sabes qué podemos tener los adultos que a los niños les cuesta mucho? Eso es, la disciplina.

Y junto con la disciplina tiene que venir la valentía. Y es que ser valiente no es no tener miedo; es que te tiemblen las piernas y, aun así, continúes caminando. Si eres capaz de enfrentarte con constancia y disciplina a retos que te sacan de tu zona de confort, ni te imaginas lo mucho que tienes ganado.

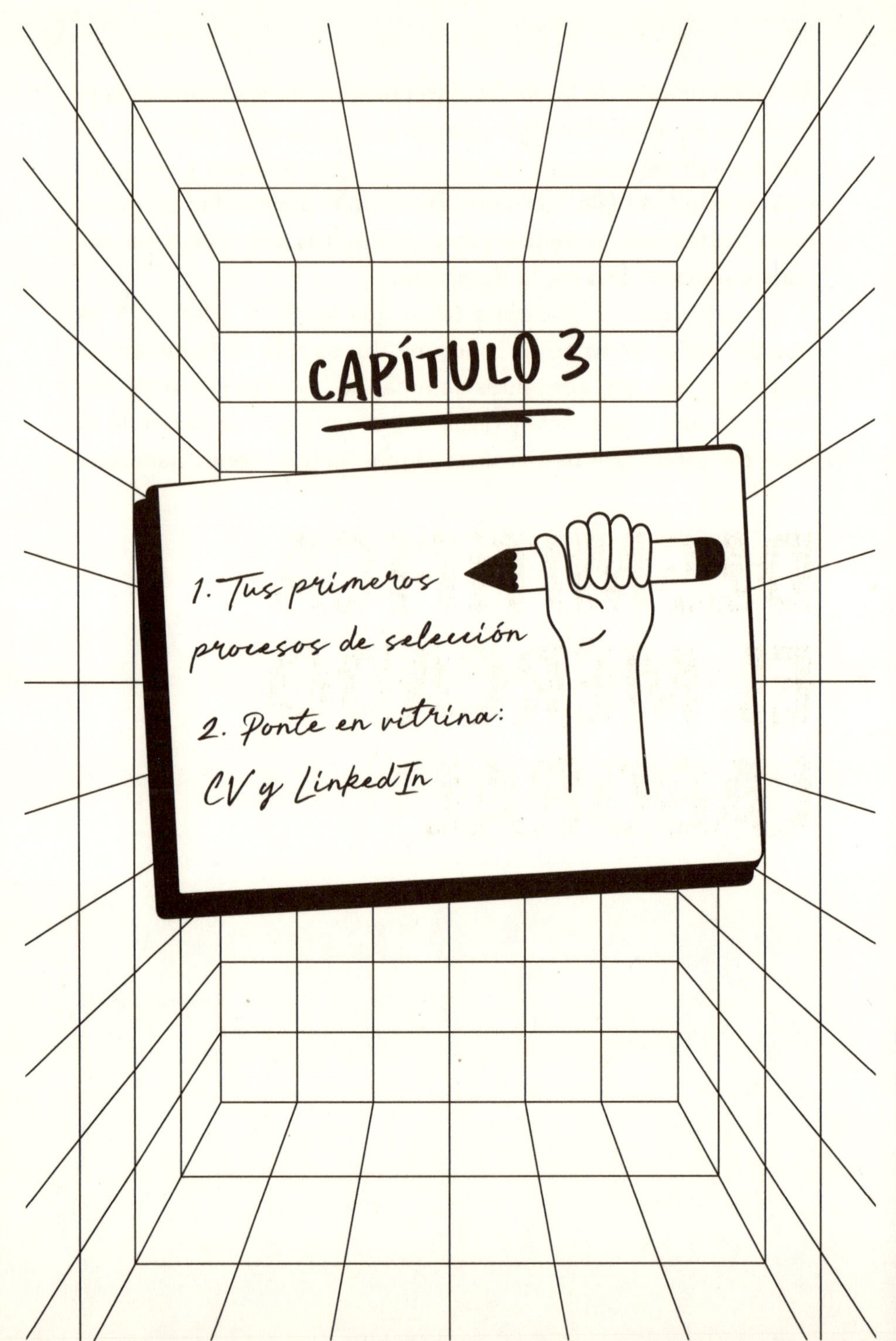
CAPÍTULO 3
1. Tus primeros procesos de selección
2. Ponte en vitrina: CV y LinkedIn

DESMITIFICA EL MERCADO LABORAL

En la primera parte del libro nos tomamos un tiempo para hacer ejercicios de introspección y profundizar en quiénes somos y qué nos gusta. En la segunda parte exploramos las diferentes opciones que ahora tienes ante ti y los pros y contras que conllevan. Y ahora, **en esta tercera parte, vamos a centrarnos en simplificar y desmitificar el mercado laboral para que no partas de cero cuando te toque hacer tus primeras incursiones en él.**

A lo mejor que te hable de trabajo a estas alturas de tu vida en la que todavía sigues considerándote estudiante hace que pongas los ojos en blanco. Sinceramente, no te culpo. Suficiente tienes con lo que te toca ahora como para pensar en cómo se consigue trabajo. Pero ¿sabes qué pasa? Que, aunque no vayas a echar un currículum en los próximos tres años de tu vida, saber cómo funciona este juego hará que puedas aprovechar mucho más tus años de formación porque comenzarás a entender qué añade valor a tu perfil y qué es ruido de fondo.

Hay otro motivo por el que quería añadir esta sección: mi misión como profesional siempre ha sido facilitar que las oportunidades sean accesibles para todas las personas en todo el mundo. Y a lo largo de mi trayectoria laboral he encontrado diferentes maneras de servir a esa misión; desde mi tiempo en

AIESEC, donde nos dedicábamos a conectar a jóvenes con oportunidades internacionales de trabajo y voluntariado, hasta ahora, que creo contenido en redes para ayudar a acelerar la carrera profesional de mis seguidores y que consigan su puesto soñado.

Después de tantos años sirviendo a esta misión, hay algo que tengo clarísimo: **trabajar mucho por algo que deseas no sirve de nada si detrás de todo ese esfuerzo no hay una estrategia muy clara**. Es como ponerte a cocinar un pastel; ya puedes tener todos los ingredientes a tu disposición, que si no tienes la receta vas a necesitar muchos intentos antes de que te salga algo mínimamente comestible. Y mientras tú estás ahí con restos de huevo y harina en la frente, preguntándote por qué tu masa se parece más a plastilina que a cualquier postre, a tu lado se pasea Ferran Adrià con un tremendo pastel de tres pisos al que le ha dado tiempo hasta de ponerle glaseado. «¡Y con todo el esfuerzo que le estoy poniendo!». Ya, pero es que a él le avisaron desde el principio de que para cocinar tenía que encender el horno.

Cuando trabajaba en Google y miraba a mi alrededor, veía a gente absolutamente brillante, disciplinada y trabajadora. Pero había algo más que muchos teníamos en común: el privilegio de haber recibido buenos consejos y una buena orientación en momentos clave.

Mucho en la vida depende del trabajo duro, sí, pero también de la suerte. La mía ha sido nacer en una familia que me apoya, vivir en un país seguro, tener unos padres que me dieron acceso a una educación de calidad, tener un pasaporte fuerte, no haber necesitado trabajar para ayudar en casa o para pagarme los estudios, tener un color de piel que nunca me ha cerrado puertas, haberme podido tomar el tiempo que necesitaba hasta encontrar el trabajo que quise, nacer en una sociedad en la que ser mujer no implica renunciar a mi carrera profesional, ser capaz de elegir con libertad cuándo y cómo quiero ser madre (o directamente no serlo), poder destinar parte de mis ingresos a cuidar mi salud mental, tener acceso a la sanidad gratuita, estar tranquila de que si en algún momento todo se va a pique seguiré teniendo una cama y un techo en alguna parte y haber tenido una multitud de gente a mi alrededor que me avisó a tiempo de que para cocinar pasteles tenía que encender el horno.

Este apartado del libro contiene algunos trucos y consejos para que sepas cómo enfocar tus esfuerzos para que no caigan en saco roto. No pretende ser una guía de orientación laboral completa, sino más bien tu primer manual de instrucciones para simplificarte la vida en tus próximos años.

1. TUS PRIMEROS PROCESOS DE SELECCIÓN

Falta menos de lo que crees para el momento en el que tengas que ponerte a buscar trabajo. Con el tiempo le pillarás el puntillo a eso de los procesos de selección, pero es cierto que los primeros pueden resultar algo abrumadores. A menudo se mitifica mucho la búsqueda de trabajo (especialmente porque en general se vive con estrés y nerviosismo), pero no deja de ser una actividad como otra cualquiera. Y, como para todas las demás actividades, necesitas tiempo y esfuerzo para volverte bueno en ello. Por lo tanto, procura disfrutar del proceso de familiarización. Tanto tú como los puntos de contacto de las empresas agradecerán verte relajado y siendo auténticamente tú.

Para prepararnos para un proceso de selección, debemos entender en qué consiste y qué etapas tiene. Así que ¿qué se entiende en realidad por «proceso de selección»?

Un proceso de selección es un conjunto de pasos y actividades que una empresa o empleador lleva a cabo para identificar, evaluar y elegir a los candidatos más adecuados para ocupar una vacante.

Para encontrar dichos candidatos, el proceso de selección se desglosa en diferentes partes. Evidentemente, cada proceso de selección será diferente y dependerá mucho de aspectos como el puesto, el mercado o el tamaño de la empresa. Ni siquiera tiene por qué ser una empresa privada. Hay muchas oportunidades laborales en el sector público u organismos internacionales, los cuales suelen tener procesos de selección propios (las oposiciones son un claro ejemplo). En esta sección voy a generalizar al máximo para intentar cubrir cómo sería un proceso de selección estándar para un puesto de prácticas o júnior, pero no perdáis de vista que también pueden existir otro tipo de opciones.

1. **La empresa define los requisitos del puesto.** Se van a identificar las habilidades y conocimientos necesarios que debería tener una persona para ser buena en ese puesto.

2. **La empresa publica la oferta de trabajo.** Una vez que tienen claro qué quieren, van a anunciar su oferta en sitios web de empleo (como podrían ser LinkedIn, InfoJobs, Indeed...), su portal de carreras o redes sociales.

3. **Los candidatos postulan a la oferta.** Envían su currículum (adaptado a la oferta, idealmente) y, de ser necesaria, una carta de motivación.

4. **La empresa revisa los currículums.** Y realiza una primera criba tras identificar cuáles cumplen con los requisitos básicos.

5. **Comienzan las entrevistas iniciales entre candidato y empresa.** Por lo general, las entrevistas suelen consistir en una primera conversación con el reclutador y una segunda entrevista con el mánager que ha abierto el puesto con alguien de su equipo. Recuerda que cada entrevista tiene su porqué y que la mejor manera de prepararte para superarlas es preguntarte qué información necesita esta persona de ti para saber que eres el candidato que están buscando. Partamos siempre del objetivo de la entrevista, poniéndonos en el lugar del entrevistador.

   La entrevista con el reclutador generalmente va a evaluar tres puntos: por qué tú, por qué este puesto y por qué esta empresa. Puedes pensar en la entrevista con el reclutador como en una evaluación de compatibilidad y un primer filtro que se asegura de solo pasar candidatos cualificados para la segunda entrevista.

   La entrevista con el mánager suele evaluar lo idóneo que es el candidato para el puesto, tomando en consideración habilidades duras (competencias técnicas y específicas relacionadas con tareas concretas y medibles) y habilidades blandas (atributos personales y sociales que afectan la forma en que interactúas con otros). Aunque el reclutador le haya pasado información de la primera entrevista, suele recaer en el mánager la decisión de contratación.

TRUCO DE PRO

En la inmensa mayoría de los casos, la persona con la que vas a hablar ya sabe cosas de ti tanto por lo que pone en tu CV como por lo que habrá visto en tu LinkedIn. Así que ten tu LinkedIn actualizado. También, si ellos ya saben de ti, ¿por qué no deberías saber tú de ellos? Aprovecha herramientas como LinkedIn para entender con quién vas a hablar, qué les gusta y qué temas tenéis en común. Te será muchísimo más sencillo romper el hielo teniendo algo de información de la persona que plantándote ahí en frío.

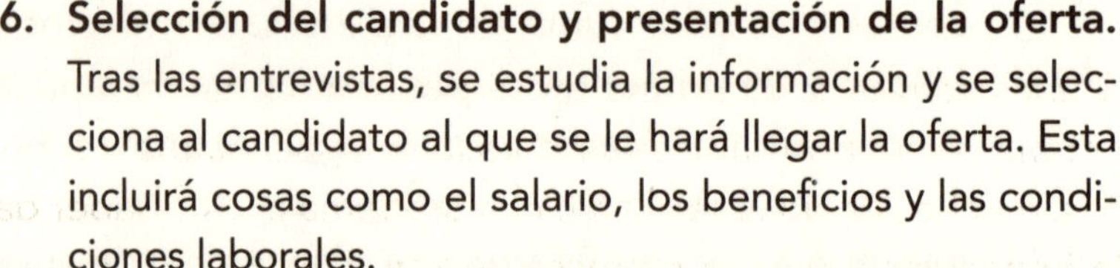

6. **Selección del candidato y presentación de la oferta.** Tras las entrevistas, se estudia la información y se selecciona al candidato al que se le hará llegar la oferta. Esta incluirá cosas como el salario, los beneficios y las condiciones laborales.

7. **Negociación de la oferta.** Hasta que ambas partes se pongan de acuerdo.

8. **Papeleo vario.** Un rollo, pero es lo que hay. Temas de la Seguridad Social, convenios de prácticas… Esas cosas.

TRUCO DE PRO

En el mercado laboral son las empresas las que demandan talento y eres tú el que lo ofrece. En los primeros años cuesta más sentir que puedes negociar porque apenas tendrás experiencia, pero te invito a hacerlo para que vayas cogiendo el hábito y te sientas cómodo formulando peticiones.

Y cuando todo eso está cerrado y tienes tu oferta firmada, ¡felicidades! Has acabado el proceso de selección.

Lo que tienes que saber sobre las prácticas

Si eres estratégico, tus prácticas pueden ser un trampolín increíble para oportunidades futuras. Desgraciadamente, he visto a muchos estudiantes liarse en este tema por no saber darles la importancia que se merecen. A menudo, lo ven más como algo que completar de su lista de tareas pendientes para graduarse que como una decisión estratégica para su futuro.

Cuando te encuentres en la situación de elegir prácticas, mi consejo es que recuerdes que van a suponer la experiencia laboral en la que más se fije el empleador al que postules para tu primer puesto. Por lo tanto, facilítate la vida: escoge posiciones de prácticas que sean fácilmente vendibles para un entrevistador, en las que puedas explicar qué hiciste y qué impacto tuviste. Tómate el tiempo de investigar la empresa a la que te gustaría postular y pregunta bien por los detalles de tu trabajo.

Y, si tienes la inquietud de vivir o trabajar en el extranjero, algo que me hubiese encantado saber a mí es que, por lo general, los visados de prácticas son mucho más fáciles de obtener que los visados de trabajo a tiempo completo. Apunta alto, no te cortes las alas y aprovecha las ventajas que conlleva ser estudiante.

Y disfrútalas. Las prácticas están para que puedas cometer errores en entornos seguros y descubrir qué es lo que te gusta y qué no quieres volver a hacer en tu vida. Aprovecha esa red de seguridad y ese espacio para aprender mientras ganas un salario.

Lo que tienes que saber sobre la negociación del salario

Quiero explayarme un poco más sobre la negociación del salario porque aprender a negociar desde los primeros empleos tiene mucho más impacto a largo plazo de lo que parece. Y nadie te enseña a hacerlo.

Muchos candidatos cometen el error de aceptar la primera oferta que se les presenta. Uno de los motivos por los que mucha gente es reticente a negociar es o bien por miedo, o bien porque asumen que lo que les han ofrecido es una cantidad inamovible. Y no es para nada cierto: cada puesto va asociado a un rango salarial y al candidato le ofrecen un valor que se encuentra en ese rango (generalmente, la oferta se hace a partir de cómo han ido las entrevistas y lo competitiva que la empresa quiera que sea la oferta). En muchos casos, ya se espera que los candidatos negocien.

Negociar tu salario desde el principio es crucial. Para empezar, rara vez vas a tener tanto poder de negociación con la empresa como justo antes de aceptar una oferta; sabes que ellos te quieren a ti, tienen una vacante que llenar y desean hacerlo rápido. Y, por otro lado, nunca sabes cuánto tiempo acabarás quedándote en esa empresa, y tu salario inicial marcará la pauta de tu potencial de ingresos con ellos. E incluso en el caso de que te vayas, consciente o inconscientemente tendrás tu último salario como referencia. Con que negocies un poquito ya habrás conseguido un impacto importante a largo plazo.

TRUCO DE PRO

La mejor forma de prepararte para una negociación salarial es investigar los estándares de la industria y tu propio valor de mercado. Puedes encontrar esa información en plataformas como Glassdoor, por ejemplo. Y, aunque el primer contrato sea el más difícil de negociar, recuerda que hay más beneficios aparte de tu salario con los que jugar. Por nombrar algunos: tu horario, facilidades de trabajo remoto, acciones de la empresa, bonificaciones de traslado o bono de contratación. ¿Qué haría que esa oferta fuese todavía más llamativa para ti?

2. PONTE EN VITRINA: CV Y LINKEDIN

Voy a dar por hecho que hemos superado la fase de negación de «¡mis abuelos tuvieron más fácil esto de buscar trabajo!» y hemos entrado ya en la parte de aceptación. Donde antes bastaba tener un buen currículum, ahora también es muy importante tener un perfil de LinkedIn interesante. Debo dejar claro que, aunque sean similares (ambos explican tu recorrido profesional), no son siempre intercambiables, ya que cumplen funciones diferentes. Vamos a verlo en detalle a continuación.

	CURRICULUM VITAE (CV)	PERFIL DE LINKEDIN
Objetivo	Resumir tu historial profesional para que te llamen para la primera entrevista.	Construir y reforzar tu marca personal, contando tu historia con tu voz y personalidad.
Formato	Puedes pensar en él como una foto de un momento concreto de tu carrera. Estructurado y de formato fijo. Aunque puedes mostrar tintes de tu personalidad, es un documento formal.	Es más como la película de tu carrera. Dinámico, formato más flexible, con la posibilidad de incluir descripciones detalladas, artículos, fotos, vídeos, destacar proyectos, idiomas y logros. Vamos, que puede ser muy tú.
Extensión	Una página.	Flexible.
Público al que va dirigido	Lo lee una persona a la vez y se personaliza según el trabajo al que estás postulándote.	Abierto a todos, no se ajusta a empleos específicos.
Tiempo de lectura	De media, un reclutador le dedica seis segundos a cada currículum.	Mayor tiempo de lectura.
Palabras clave	Las palabras clave son importantes para que tu CV pase filtros de ATS (*Applicant Tracking System* o sistema de seguimiento de candidatos).	Serán importantes para ayudarte a mejorar tu visibilidad en LinkedIn.

Dale caña a tu perfil de LinkedIn

Durante mis días como empleada de LinkedIn, organizábamos sesiones a externos llamadas *rock your profile* (lo podríamos traducir como «dale caña a tu perfil»). En ellas, compartíamos con buscadores de empleo todos los trucos para hacer que optimizasen las herramientas que tienen a su disposición, que sus perfiles destacasen y que se enfrentasen a la búsqueda de empleo con mayor seguridad.

No tenemos una hora para ponernos a hacer un *workshop* entero, pero te voy a dar los trucos principales que puedes aplicar para elevar inmediatamente tu perfil de LinkedIn.

Los trucos de LinkedIn

✔ **Visualiza tu perfil de LinkedIn como tu historia:** al contrario que tu CV, tu perfil de LinkedIn es tu lienzo en blanco para que puedas darle tu voz, tu personalidad y tu magia. La idea es que, si alguien entra a cotillear tu perfil de LinkedIn, tiene que salir con una impresión similar a haberte visto en persona.

✔ **Usa una foto que te represente.** Y, aunque sí que tiene que ser una foto medianamente profesional, no tiene por qué ser la típica aburrida de fondo blanco que te pondrías en un CV. Sé que no te lo tengo que explicar, pero por si acaso: evita fotos de mala calidad en las que se te vea mal, aquellas con más gente y, sobre todo, fotos de fiesta. Si solo te has puesto traje para las bodas, los funerales y las fiestas de final de curso, de verdad que no tienes que recortar la foto de la fiesta del finde pasado en la que sostienes un cubata para ponértela de perfil. Todos hemos pasado por esa etapa, Juan, sabemos que ese traje todavía no ha visto oficina. A no ser que te interese trabajar en industrias muy formales, sencillamente escoge una foto que te represente tal y como eres en el día a día.

✔ **Añade cómo se pronuncia tu nombre.** Especialmente útil si quieres postular en mercados internacionales.

✔ **Sácale partido a tu titular de LinkedIn.** El espacio reservado para el titular en tu perfil de LinkedIn es un espacio muy valioso porque, sin contar con tu foto de perfil, es lo primero que ve la gente. ¡Hazlo memorable! Es tu oportunidad para destacar y diferenciarte. Utiliza palabras clave, describe tu puesto a tu manera o destaca tus pasiones.

✔ **Escribe una breve biografía.** Esta es la sección en la que sabemos que los reclutadores pasan más tiempo leyendo, por lo que es crucial que aquí sepas vender el pescado. Es el momento de pensar cuáles son las ideas principales que te gustaría destacar sobre ti mismo, y por qué quieres que te recuerden. Si tienes *fun-facts* que te gustaría incluir, este es tu momento. Recomiendo que la escribas en primera persona: tu historia es más auténtica cuando sentimos que nos la estás contando tú.

✔ **Completa también el resto de campos de tu perfil.** La idea general es que, cuanto más completo esté, más información hay y más fácil es conectar con tu perfil. Si tienes fotos que te gustaría incluir, idiomas, experiencias de voluntariado, recomendaciones de amigos… ¡Adelante!

✔ **Anímate a publicar en LinkedIn.** Ya sé que da un poco de palo tener que pensar en crear contenido en LinkedIn, pero es la mejor forma de crear tu red de contactos y dar tu perfil a conocer. Hay muchas más personas que consumen contenido en LinkedIn de las que crean contenido en LinkedIn, por lo que, si juegas bien esta baza, tus publicaciones pueden tener un alcance enorme.

Crea un CV que te abra puertas

Cuando llegue el momento de crear tu CV, seguramente la primera pregunta que te harás es: «¿Y qué pongo?». Enfrentarse a la hoja en blanco no es algo fácil, y más cuando no tienes experiencia profesional formal y tienes que ponerte creativo. Pero quédate tranquilo, todos hemos pasado por la etapa de «Para conseguir un trabajo necesito experiencia, pero para conseguir experiencia necesito un trabajo» y nadie espera que un recién graduado sea un experto en su campo. Así que te voy a compartir ideas sobre qué puedes poner en tu CV cuando no has tenido experiencia laboral formal.

A la hora de redactar nuestro primer CV, vamos a tener siempre en mente el objetivo de pasar la primera criba y conseguir una primera entrevista. No necesita ser perfecto, pero sí ser suficientemente interesante. Y hay muchas formas de despertar ese sentimiento de curiosidad en los demás sin necesidad de tener experiencia.

Propuesta de estructura del CV

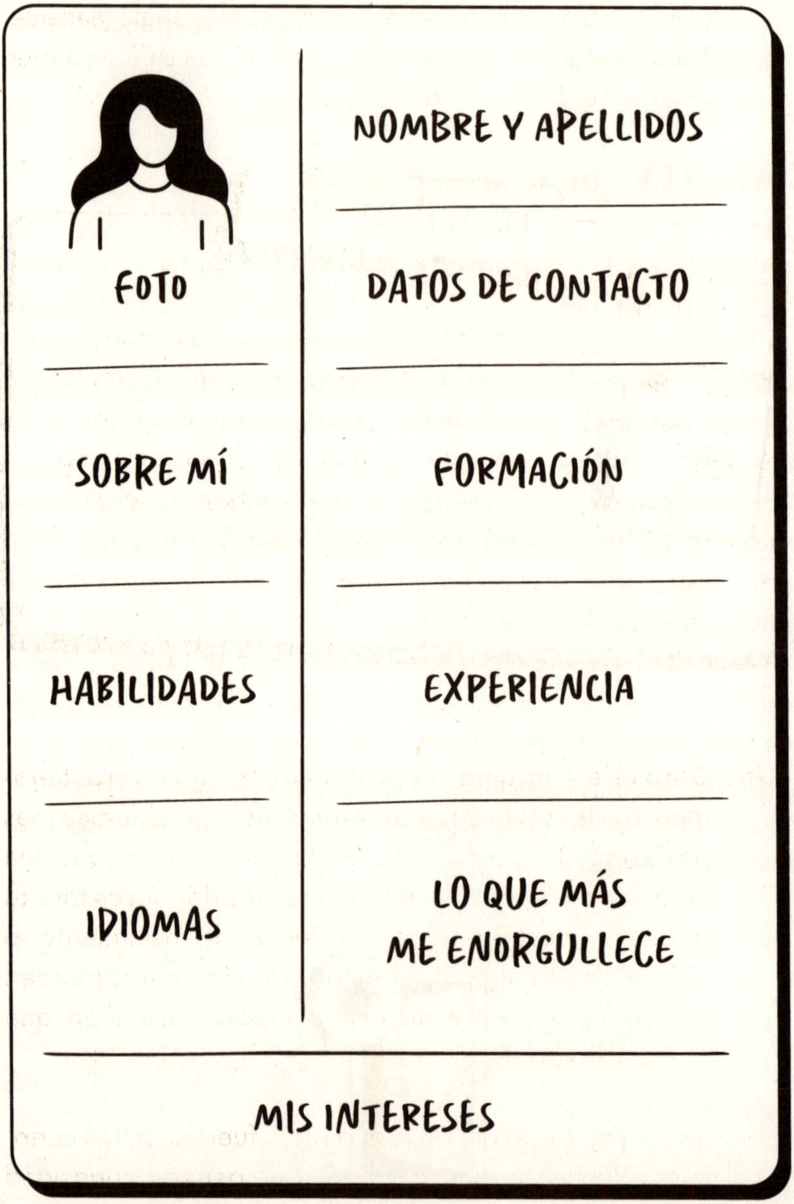

FOTO	NOMBRE Y APELLIDOS
	DATOS DE CONTACTO
SOBRE MÍ	FORMACIÓN
HABILIDADES	EXPERIENCIA
IDIOMAS	LO QUE MÁS ME ENORGULLECE

MIS INTERESES

- Tu CV tiene que llenar una página.

- **Foto:** hay países que desaconsejan poner una foto en el CV, pero, por lo general, en España suele hacerse. Escoge una foto donde te sientas tú, que se te vea bien la cara y el fondo no distraiga.

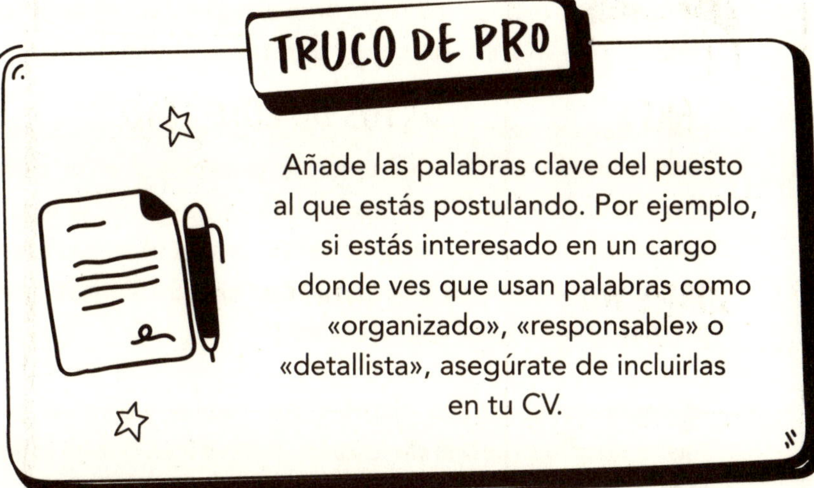

- **Datos de contacto:** incluye solo los datos verdaderamente relevantes como tu e-mail (escoge el e-mail más profesional), tu móvil y tu ciudad (en caso de que sea un trabajo presencial). Ningún reclutador necesitará tu dirección postal exacta, tu fecha de nacimiento o tu DNI a estas alturas, y muchos de esos datos pueden ser más una fuente de discriminación que algo que añada valor real.

- **Sobre mí:** tus intereses, tus puntos fuertes, datos curiosos… Recuerda que el objetivo es generar curiosidad y que quieran conocerte más en una entrevista. Es el apartado perfecto para sonar cercano, demostrar tu capacidad de aprender y hacer que tu personalidad brille. Esta sección va a perder peso conforme vayas ganando experiencia, pero al principio prepárala bien. Mantenla corta, de unas cuatro o cinco líneas.

- **Formación:** incluye tu recorrido académico. Añade tu nota solo si va a ser un punto a tu favor.

- **Habilidades:** selecciona tres o cuatro habilidades duras (entendemos como «habilidades duras» aquellas que son técnicas y medibles, aprendidas a través de la educación formal o el entrenamiento práctico) o blandas (atributos personales y sociales) con las que sientas que puedas añadir valor a un empleador.

- **Idiomas:** enumera los idiomas que hablas y tu nivel. Si has realizado pruebas de idioma, también es buena idea incluirlas.

- **Experiencia:** que no contemos con experiencia profesional no significa que no contemos con experiencia en absoluto. El truco específicamente para el primer CV es transformar lo irrelevante en relevante. Piensa en voluntariados, trabajos académicos importantes, organizaciones de estudiantes, problemas que has solucionado (por ejemplo, ¿estuviste al cargo de coordinar unas vacaciones familiares en las que organizaste la logística para veinticinco personas? Explica la experiencia con tono divertido, detallando cuáles fueron tus acciones y las habilidades adquiridas), clases de repaso que hayas dado, cuidado de niños, etc.

TRUCO DE PRO

Intenta medir al máximo tu impacto en cada descripción de puesto. Por ejemplo, no es lo mismo decir «profesora particular de matemáticas» que «profesora particular de matemáticas para un grupo de cinco estudiantes de tercero de la ESO. Logré incrementar el promedio colectivo de un 6/10 a un 8/10, implementando un plan de ejercicios adaptado a cada estudiante y al establecer una comunicación efectiva con sus padres mediante la creación de reportes mensuales». ¡Toma ya!

- **Lo que más me enorgullece:** es un buen apartado para incluir de manera concisa alguna historieta de la que estés orgulloso. Sé estratégico con lo que incluyas porque le estás dejando un caramelito al reclutador y seguramente sea lo que escoja para romper el hielo o sobre lo que querrá preguntarte más en detalle. Se trata de un apartado opcional.

- **Intereses/pasiones:** aprovecha este apartado para acabar de diferenciar tu perfil. ¿Por qué te conocen tus familiares y amigos? ¿Tienes fama de ser el deportista? ¿El aventurero? ¿El lector? ¿El amante de los animales? Este es otro de los apartados que perderá relevancia con el tiempo, pero es buena idea incluirlo en un principio.

TRUCO DE PRO

Añade qué es lo que te ha aportado cada uno de tus intereses. Por ejemplo: «Seis años de balonmano. Habilidades adquiridas: liderazgo, trabajo en equipo, disciplina».

¡Y ya lo tienes! Un buen LinkedIn y un buen CV serán tus mejores aliados en tus primeras aventuras profesionales. No tienen que ser perfectos (y, de hecho, como te ofusques con la perfección te va a costar mucho dejar las cosas hechas. *Spoiler*: la perfección no existe). Como todo en la vida: *done > perfect,*[39] siempre. Tener algo hecho de forma imperfecta es mejor que no tenerlo por intentar alcanzar un estándar imposible de perfección. Del mismo modo: postular a un puesto con miedo siempre será mejor que no hacerlo. Publicar contenido que te interesa compartir con vergüenza siempre será mejor que no crearlo. Aceptar una oportunidad con el corazón a mil siempre será mejor que no aceptarla. Que el temor a no ser perfecto no te frene. Permítete sentir miedo, pero actúa de todas formas.

Recuerda que a estas alturas este juego depende mucho más de tu actitud y de las ganas por aprender que demuestres que de la experiencia profesional que tengas. Una empresa no deja de estar compuesta por un conjunto de personas y, al final, **lo que a todos nos apetece es poder trabajar al lado de alguien simpático, proactivo, positivo y con ganas de estar ahí.**

39. Hecho > perfecto.

Eso sí, ¿recuerdas la chuleta del estudiante inconformista que vimos a finales del apartado anterior? Si la usas durante tus años de formación y le sacas provecho a los diferentes puntos de esa lista, no solo vas a llegar a tus primeras entrevistas con ganas de aprender y de comerte el mundo, sino que además vas a tener decenas de experiencias que puedas incluir en tu CV y explicar en entrevistas. No habrás comenzado en el mundo laboral y ya te habrás pasado el juego de cómo conseguir primeros trabajos interesantes.

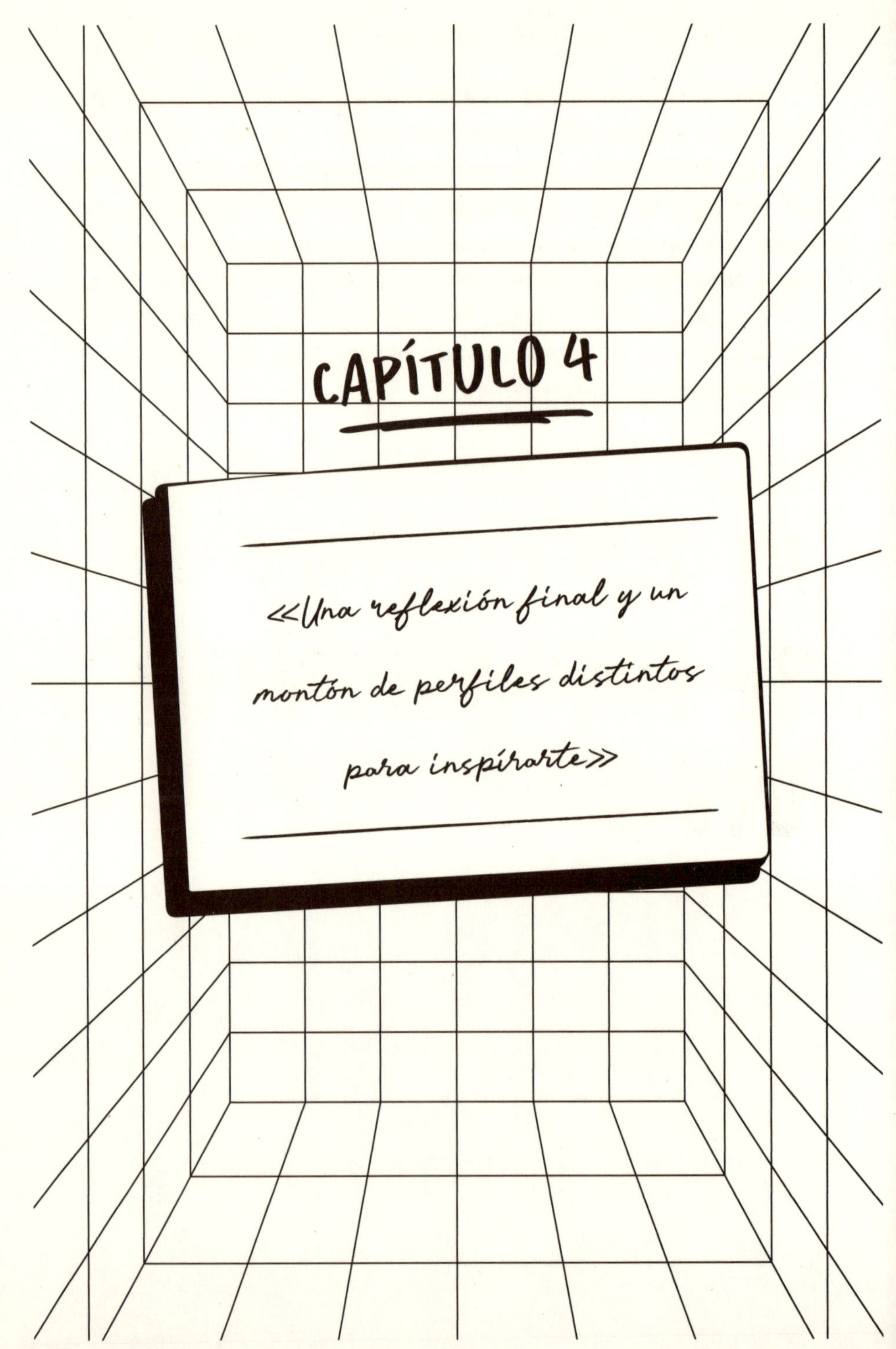
CAPÍTULO 4
«Una reflexión final y un montón de perfiles distintos para inspirarte»

ELIGE LO QUE TE HAGA SENTIR VIVO

«EN MI OPINIÓN, TODOS SOMOS PORTADORES DE TESOROS ENTERRADOS. CREO QUE ESTA ES UNA DE LAS BROMAS MÁS ANTIGUAS Y GENEROSAS QUE LE GASTA EL UNIVERSO A LOS SERES HUMANOS, Y LO HACE TANTO POR SU PROPIA DIVERSIÓN COMO POR LA NUESTRA: EL UNIVERSO ENTIERRA JOYAS INESPERADAS DENTRO DE TODOS NOSOTROS Y LUEGO DA UN PASO ATRÁS Y ESPERA A VER SI LAS ENCONTRAMOS. LA BÚSQUEDA PARA DESENTERRAR ESAS JOYAS: ESO ES VIVIR CREATIVAMENTE».

EXTRACTO DE *LIBERA TU MAGIA*, DE ELIZABETH GILBERT

A riesgo de que te sientas decepcionado, tengo una buena y una mala noticia para ti. La mala es que acabas de leerte un libro entero sobre qué hacer al acabar el bachillerato y la conclusión es: no importa demasiado porque, en realidad, nada es tan importante. Y la buena es que, joder, ¡nada es tan importante! Ni las notas que saques, ni la carrera que elijas, ni el primer currículum que envíes, ni la primera vez que metas catastróficamente la pata, ni tu primer trabajo, ¡ni siquiera tu primer éxito!

La única constante que tenemos es que estamos todos en una continua reinvención y que nada de lo que elijas hoy te garantiza lo que pasará mañana. Y, todavía mejor, nada de lo que pase mañana va a depender tanto de lo que elijas, sino del cómo lo eliges y el porqué. Como vimos en el primer capítulo, tu éxito va a depender mucho más de encontrar tu magia y de jugar con tus fortalezas que de las formalidades que tomes para potenciar al máximo esos superpoderes. Y es que ejemplos de eso los tenemos a patadas a nuestro alrededor.

Tal vez hayas oído hablar de algunos de los más conocidos.

VERA WANG

Vera Wang es una destacada diseñadora de moda estadounidense de origen chino. Es posible que hoy te suene porque su marca de ropa, la cual se llama como ella, es un referente de la moda de novia. ¿Y si te digo que antes de interesarse por la moda Vera Wang era patinadora artística? Y no le iba mal, llegó a competir en los Juegos Olímpicos de 1968.

Después de eso estudió un grado en Arte de la Universidad de Sarah Lawrence y, poco a poco, se adentró en el mundo de la moda. Sin embargo, no fue hasta 1990, cuando Vera ya tenía cuarenta años, cuando ocurriría el evento que iniciaría su carrera como diseñadora de vestidos de novia. A pocos meses de casarse, frustrada por no encontrar el vestido de novia que quería, decidió diseñárselo ella misma. De patinadora artística a artista a amante de la moda y a diseñadora internacionalmente reconocida. Quién se lo iba a decir a la Vera de los Juegos Olímpicos.

STEVE JOBS

Todos conocemos a Steve Jobs como el cofundador de Apple, pero, si echamos la vista atrás, su trayectoria para llegar ahí no fue nada sencilla. Steve comenzó la universidad en Reed College, en Oregón, en 1972. Sin embargo, su estancia ahí fue breve debido a las altas tarifas de matrícula y la falta de dirección clara en su educación. Curiosamente, continuó asistiendo a clases como oyente. Una de las clases a las que se coló era caligrafía y, en ella, aprendió sobre la importancia de la tipografía y cómo las fuentes elegantes y bien diseñadas podían suponer una gran diferencia en la apariencia de un producto.

En aquel entonces no lo sabía, pero aquella clase iba a tener un enorme impacto en lo que después sería Apple. Su enfoque en la simplicidad, la innovación y la estética revolucionó la computación personal e hizo de Apple una de las empresas más influyentes del mundo. Steve Jobs nunca acabó la universidad, pero, como él mismo dijo: «Stay hungry, stay foolish» ('Sed siempre insaciables, sed siempre insensatos').

EVA ZU BECK

Eva es una creadora de contenido de viaje que me encanta. Y, como a mí, ha enamorado a millones de personas con sus vídeos de sus aventuras en solitario. Ha recorrido Mongolia a caballo, atravesado Mauritania subida a un tren de carbón, corrido ultramaratones y visitado tribus en rincones remotos del mundo. Pero, aunque a día de hoy se dedique a crear vídeos documentales en YouTube, Eva jamás estudió nada relacionado con la videografía. De hecho, se graduó en la carrera de Literatura Francesa y Alemana de la Universidad de Oxford. Fue tras unos años trabajando en Londres cuando llegó a la conclusión de que esa no era la vida que quería y decidió aprender cómo ser *youtuber* de viajes. Se formó por su cuenta en *storytelling* y grabación y edición de vídeos, a la vez que usaba su diploma en Literatura para escribir guiones e historias irresistibles. No lo he comprobado, pero estoy segura de que en la página web de la Universidad de Oxford no aparece «*youtuber* de viajes» como una de las posibles salidas laborales del grado en Literatura.

De hecho, somos muchos los creadores de contenido que hemos adaptado nuestros conocimientos a los nuevos formatos. No hemos cursado una carrera de creación de contenido ni nos han enseñado a comunicar a masas, ni a editar vídeos, ni a contar historias. Es más, esto de ser *influencer* ni siquiera existía cuando estábamos estudiando. Así que ¿qué te hace pensar que tu próximo trabajo sí que existe en este momento?

ANDRÉS MILLÁN (@LAWTIPS)

Tal vez conozcas a Andrés Millán con el nombre de @Lawtips. Andrés es abogado, pero no es su título el que hace que millones de personas le sigan; creció en redes porque sus vídeos tenían por objetivo acercar y simplificar el conocimiento del derecho y ayudar a la gente a, como él diría, «que no se la líen».

Sus vídeos cortos de contenido divulgativo fueron tan bien recibidos que, al poco, sus redes se convirtieron en el motor central de su trabajo. Y no, a él tampoco le dieron una asignatura sobre cómo hacer vídeos virales de temas legales, sino que se concedió seguir la curiosidad que sentía por explorar este terreno. Lo que vendría a ser el «lo hacemos y ya vemos».

Crecer en redes también le permitió abrirse camino en el mundo de la empresa y ahora es socio y cofundador de su propio despacho. En uno de sus vídeos, comentaba: «Yo cofundé un despacho de abogados online junto con dos socios y conseguí crear este negocio gracias a ponerme a hacer vídeos en redes sociales. La universidad no me valió ni para conocer a mis socios ni para prácticamente ninguna de las gestiones que hago en mi empresa».

Pero eso no quiere decir que no le dé importancia a su formación, al contrario: tiene un máster en *Blockchain*, *Smart Contracts* y Criptoeconomía, otro en *Compliance* y otro en Asesoramiento Jurídico-fiscal y Laboral. De hecho, hablando de esto con él, añadió: «Para mí la clave es formarte para ser un poco mejor que la media en un tema en concreto y así potenciar tu marca personal. Da igual de qué y cómo (si decides hacerlo vía universidad, una FP, libros o internet), lo importante es que tengas un poco más de conocimiento que el resto en algo. Creo que eso fue lo que a nosotros nos hizo destacar. En mi caso tenía buenos conocimientos de derecho y, en el tuyo, conocías bien el mundo de *big tech*».

Además, su pasión por el surf lo llevó a pasar unos meses en Bali, desde donde también aprovechó para trabajar. «Poca gente te diría que una de las salidas del máster de Abogacía es irte a Bali a teletrabajar».

¿No te parece extremadamente reconfortante la idea de que podemos moldear y diseñar nuestra carrera para que se adapte a nosotros, más que adaptarnos nosotros a una carrera? Usar los recursos que tenemos a nuestro alcance para ello es la gran responsabilidad de cada uno.

Pero no hace falta ser ninguna celebridad para tener historias de este estilo. Es muy probable que tú mismo conozcas a personas a las que les ha ido genial jugando con sus fortalezas. Te comparto algunas de las historias de personas a las que tengo la suerte de llamar amigas.

ANNA

Anna escogió estudiar Economía en la Universidad Pompeu Fabra porque veía en esa rama la posibilidad de tener un impacto positivo en el mundo. Y fueron esas mismas ganas de cambiar el mundo las que la llevaron a apuntarse a AIESEC, organización que, en mi opinión personal, tiene una misión preciosa: *peace and fulfillment of humankind's potential* (paz y pleno desarrollo del potencial humano).

Para que puedas entender el recorrido de Anna, primero tengo que resumirte cómo se estructura AIESEC. Se trata de una organización presente en más de ciento veinte países, donde hay equipos nacionales propios en cada uno, con otro internacional en Canadá. Por debajo de los equipos nacionales se encuentran diferentes comités locales, repartidos por distintas ciudades. Los puestos para los equipos nacionales y el equipo internacional son a tiempo completo y los comités locales son liderados por estudiantes, por lo que son completamente compaginables con los estudios.

Anna comenzó trabajando para el comité local de nuestra universidad. Allí descubrió el mundo de las ventas y, al poco, se dio cuenta de que eran su pasión (y está mal que lo diga yo, que soy su amiga, pero es que además se le dan de escándalo). Ella quería seguir formándose en esa rama, pero no encontraba esa posibilidad dentro de su carrera. Así que con diecinueve años decidió lanzarse a la piscina y postular al equipo de AIESEC España. Lo consiguió y abandonó la carrera apenas un año y poco después de haberla empezado. A pesar de que su entorno no entendió su decisión, Anna se mudó a Madrid. Durante su tiempo allí, batió récords de ventas. A los veinte la fichó AIESEC Internacional, donde se encargó de desarrollar alianzas estratégicas por todo el mundo. A los veintidós, se mudó a Dublín para proseguir con su carrera en ventas, esa vez en HubSpot. A los veinticinco la fichó Google, también como ejecutiva de ventas (un dato curioso: fue ella la que me recomendó en Google y, antes de ella, fue su novio quien me recomendó en LinkedIn). Y a los veintisiete se mudó a Dubái con Amazon. Sí, trabajando en ventas.

De todas mis amigas cercanas, Anna es la que, sin darse cuenta, más me ha ayudado a derribar barreras mentales. Fue el primer ejemplo cercano que tuve de que una determinación de hierro mueve montañas y que, cuando nadie cree en nosotros, somos nosotros los que necesitamos confiar en nuestras capacidades. Como anécdota, también fue la primera amiga que se compró una casa con vistas al mar, a los veinticinco. Esto es lo que pasa cuando alguien tiene buen olfato para las oportunidades laborales y está continuamente desarrollando y jugando con sus fortalezas: que obtiene su recompensa.

EDO

Si has visto alguno de mis vídeos de «preguntándoles a empleados de Google», seguramente hayas visto a Edo. Aparte de ser un sol de persona, tiene un recorrido muy curioso. Edo es gastrónomo de formación, pero en algún momento decidió colgar su delantal para pasar de estar entre fogones a entre escritorios. A mis seguidores también les llamó muchísimo la atención ese cambio, por lo que decidimos ahondar en su carrera y nos sentamos a grabar una entrevista.

«El amor por la comida me viene de familia —me confesó—, y cuando tenía dieciocho años vi que la comida podía ser mi futuro y mi profesión. Fue por ello que me lancé a estudiar Ciencias Gastronómicas en la Universidad de Piamonte, en Italia. Tras acabarla, me mudé a Barcelona, que en aquel entonces era la meca de la gastronomía».

Estuvo muchos años trabajando en ese sector y se le iluminaba la cara cuando me explicaba lo bien que se lo pasó en esa etapa.

«¡Estaba convencido de que era lo que quería hacer el resto de mi vida! Pero pasaban los años y me comenzaba a dar cuenta de que poco a poco dejaba de compensarme pasar todas las Navidades, fiestas y fines de semana sin tener vida social por estar trabajando. Lo hablé con mi pareja y lo vimos claro: se acercaban cambios».

Edo encontró trabajo como gestor de cuentas en una revista y la empresa apostó por él, pagándole un máster en Marketing Digital. Ahí se dio cuenta de que sentía que era muy gratificante ayudar a sus clientes a llegar a los objetivos que se habían marcado. Al poco de acabar el máster, aceptó una oferta en otro puesto de gestor de cuentas, dentro del área de marketing digital, para un proveedor de Google.

«Disfrutaba mucho diseñando estrategias de marketing para empresas. Pasados unos años, me llamaron desde Google para comenzar el proceso de entrevistas para un puesto muy similar. Y aquí estamos».

GEORGINA

Gigi y yo nos conocemos desde que somos adolescentes y nos unió nuestro amor por la literatura. Aunque ambas seguimos adorando los libros, a día de hoy no podríamos ser más diferentes. Gigi es excepcionalmente buena en áreas que a mí me quedan grandes: tiene un ojo de halcón para el detalle, tiene experiencia en el sector gubernamental, disfruta tanto con proyectos académicos como de investigación y trabaja en el ámbito de la salud pública.

Pero, curiosamente, Gigi no estudió una carrera relacionada con la salud, sino que se graduó en Ciencias Políticas. Fue al acabarla cuando se quedó con la sensación de que le sería complicado labrarse su camino profesional en esa área y comenzó a dudar de su decisión. «Y ahora, ¿qué hago ahora con mi vida?». Paralelamente, empezó a experimentar problemas de salud derivados de situaciones de estrés y precariedad socioeconómica (pocos ahorros, contratos laborales siempre temporales, un alquiler que no dejaba de subir...) y se dio cuenta de que no era la única que se sentía así. «¿Cómo está afectando toda esta precariedad laboral a la salud de los jóvenes?». Fue esa inquietud la que plantó la semillita de enfocar su carrera en la investigación en salud. Poco después, postuló al máster en Salud Pública de la Universidad Pompeu Fabra. Y la aceptaron.

«Adri, yo llegué ahí el primer día pensando: "Me han dado la plaza para cubrir el cupo de gente de Sociales. ¿Qué pinto yo aquí, rodeada de sanitarios?"». Estaba preparada para sentir que su carrera iba a dar un cambio radical, pero no sucedió. Al contrario: a pesar del miedo que sentía, se dio cuenta de que estaba exactamente donde tenía que estar. «Toda mi experiencia en Ciencias Políticas me daba una visión holística de cómo la salud y la sociedad están conectadas. No se trata solo de que una persona tenga un problema de salud. La pregunta es ¿cuáles son las causas sociales que inciden en ese problema?». Entre ellas, ha volcado sus esfuerzos en trabajar con una perspectiva de género que ayude a llenar los vacíos de conocimiento que existen en ese ámbito.

Actualmente, Georgina es técnica de investigación para un instituto de investigación en atención primaria, ha publicado cuatro artículos como primera autora, de un total de diez, sigue trabajando en varios estudios que la apasionan y no descarta en absoluto continuar formándose con un doctorado. «Como politóloga sentía que lo que hacía no me llenaba. Encontré mi camino en la investigación y me permitió hacer las paces con la carrera que cursé. Estoy tan feliz con mi trabajo actual que he tenido momentos en los que volvía a casa casi llorando de felicidad de lo mucho que me gusta lo que hago».

FEDERICA

Fede y yo nos hicimos amigas de una forma francamente rara: compartimos habitación en un retiro de meditación de diez días en Nepal, en el que no podíamos hablar. Entablar amistad sin comunicarte con la otra persona es una experiencia cuando menos curiosa. Pero, cuando se levantó el voto de silencio y pudimos ponernos al día, inmediatamente sentimos que nos conocíamos bien.

Cuando Fede me contó su historia, supe que tenía que incluirla en este libro: es la definición de manual de darle un giro a tu carrera. Y es que Fede dejó de lado una carrera en Biotecnología para hacer lo que la llena por dentro. Como es muy difícil definir a lo que se dedica en una frase, mejor te lo cuento a continuación.

Fede era de esas alumnas a las que se le daban bien todas las asignaturas y podría haber estudiado cualquier cosa. Sin embargo, por aquellos años estaba pasando por un periodo personal muy duro y, cuando tuvo que elegir qué carrera estudiar, sentía que no estaba muy segura ni tenía mucha capacidad mental para darle vueltas al asunto. Así pues, después de visitar universidades, se metió en Biotecnología sin tener muy claro de qué iba la cosa. A pesar de no sentir pasión por el tema, le gustó su experiencia universitaria: tuvo la oportunidad de estudiar en el extranjero (en Escocia y España) gracias a los programas de Erasmus y conoció a gente que la ayudó a salir de ese momento vital tan complicado.

«Acabé la carrera y me apunté directamente a un máster en Biología Cuantitativa y Computacional. Sabía que no era mi pasión, pero mis padres querían que continuase los estudios y era lo que todos a mi alrededor estaban haciendo, por lo que parecía la opción obvia. Gracias al máster comencé a trabajar en un laboratorio. Pasaba la mayor parte del día sentada frente al ordenador, publicando trabajos de investigación. Pero algo fallaba». A pesar de que Fede no odiaba su trabajo, no sentía que aportase nada útil a la sociedad. Así que un día tomó la decisión de no seguir con el doctorado que tenía en mente, hizo las maletas y se mudó a una ecoaldea italiana.

Si nunca has oído hablar de las ecoaldeas, estas se definen como comunidades autosuficientes que viven en armonía con la naturaleza mediante prácticas sostenibles y promoviendo un estilo de vida ecológico. Ahí aprendió a trabajar la tierra, a cocinar para cientos de personas, fermentar alimentos y entendió qué significaba realmente formar parte de una comunidad. Y, desde entonces, ha puesto su energía en proyectos que la llenan por dentro. Actualmente, se dedica a ayudar a la gente a sanar a través del movimiento y a llevar un estilo de vida más saludable. Es profesora de yoga, practica pranayama (técnicas respiratorias), artes marciales, baile, ha aprendido a construir con materiales naturales, cocina comida orgánica y, sí, también medita.

Después de Nepal, ambas nos pusimos rumbo a India. Yo me dirigí a Bombay por turismo y ella, a Benarés para encontrarse con su maestro de yoga. Que le digan a la Fede de primero de carrera la de vueltas que da la vida.

LÉA

Conocí a Léa en Tailandia de absoluta casualidad. Volviendo de una excursión a un templo sobre una montaña, nos topamos con un cielo que nos dejó sin palabras; lo alumbraba una luna roja, enorme y cautivadora. Nos paramos en un reborde de la carretera para hacerle fotos. Allí también estaban Léa y su novio, Chris.

Léa se acababa de graduar como naturópata, Chris se ganaba la vida como fotógrafo y viajaban mientras exploraban si podían ganar dinero online. La pasión de Léa siempre había sido la nutrición y tenía claro que quería ganarse la vida ayudando a las personas a cuidar y mejorar su salud. Sin embargo, pasaron los meses y el dinero que obtenía de sus trabajos como naturópata a distancia no fueron suficientes para mantenerse solo de eso. Tras seis meses de viajes, Léa y Chris decidieron que lo mejor sería regresar a Irlanda (de donde es él).

Irlanda es un país precioso y todo lo que tú quieras, pero si algo tiene de atractivo para extranjeros es que Dublín es un centro tecnológico muy bestia. La inmensa mayoría de los que nos mudamos ahí lo hacemos porque, o trabajamos en grandes empresas tecnológicas, o porque queremos hacerlo. Chris, que antes de ser fotógrafo había trabajado en ventas, decidió que le salía más rentable volver a eso. Y Léa estuvo unos meses buscando trabajo «de lo suyo» hasta que se dio cuenta de que prefería priorizar un salario fijo a fin de mes, buenos beneficios de empleada y la posibilidad de ahorrar para más adelante cumplir otros sueños (como comprar una acogedora casa familiar, fundar una familia, tener un perrito y, con el tiempo, abrir su consulta de naturopatía). Así que, una tarde, Léa y yo (que ya hacía meses que me había mudado a Dublín para trabajar en LinkedIn) nos sentamos a rehacer su CV y enfocar su perfil y que resultase atractivo para posiciones en empresas tecnológicas.

Durante su tiempo trabajando como naturópata *freelance*, Léa no había aprendido únicamente de nutrición y salud; había tenido que buscar y captar clientes nuevos, descubrir cuáles eran sus necesidades y darles soluciones adaptadas, retener a los clientes mediante propuestas personalizadas, crear estrategias de marketing digital, organizar retiros y eventos e ideado, creado y distribuido contenido en diferentes redes sociales. Que Léa nunca hubiese asumido un rol en un entorno corporativo no significaba que no hubiese desarrollado las habilidades necesarias para conseguir uno. No pasó ni un mes para que una tecnológica le hiciera una oferta.

Solemos bromear diciendo que ella fue mi primera clienta, pero, sinceramente, sí fue una de las personas que me inspiró para comenzar a aconsejar en temas de desarrollo profesional en redes.

A día de hoy, Léa sigue trabajando para esa tecnológica. Tras casarse con Chris, se compraron esa acogedora casa familiar, con habitaciones extra para su futura familia, y hasta tienen un precioso jardín que disfruta Coco, su perrito. Ah, y no ha renunciado a ayudar a los demás a través de la naturopatía. Continúa trabajando en ello y lo sigue amando. Simplemente ha decidido que, por ahora, no será su proyecto principal.

ARTHEMIS

Arty nació en Río de Janeiro. Su madre la llamó así en honor a la diosa de la caza de la mitología griega, símbolo de fuerza femenina, independencia y resistencia. Y, aparte de tener todas esas cualidades, Arthemis es también una persona tan cálida como un rayito de sol.

La conocí durante mis primeros días en LinkedIn porque fue la encargada de ayudarme a incorporarme en el equipo;

así que tuve la suerte de empezar mi etapa en *big tech* de su mano. Y mi suerte fue tenerla como referente profesional y confidente; no hay nadie que te haga sentir tan cómoda y segura en tus vulnerabilidades como ella. ¿Sabes de esos amigos con los que quedas para tomar un café rápido y ese café se acaba convirtiendo en una sesión de terapia? Pues esa es Arty. Y esas conversaciones tan sinceras y profundas nos han permitido conocernos muy bien mutuamente.

Cuando supe que iba a escribir este libro, tuve clarísimo que quería incluir su historia porque es el ejemplo perfecto de alguien que ha sido lo suficientemente avispada como para entender que, si se concentraba en encontrar y potenciar sus fortalezas, podría monetizarlas y encaminar su carrera profesional.

«De hecho, yo al principio no quería ir a la universidad —me confesó—. Yo quería ser guía turística porque tenía una ilusión tremenda por conocer el mundo y creía que el turismo me acercaría a ello; así que compaginé mis años de bachillerato con una formación profesional de turismo. Durante esa formación me di cuenta de que, en realidad, sí que me apetecía seguir aprendiendo; por eso ingresé a un grado en Relaciones Internacionales en Río mientras compaginaba mi formación en Turismo durante todo el primer año y parte del segundo».

Las habilidades de organización de Arty le permitieron seguir llevando muchos proyectos a la vez durante el resto de su carrera. Y, para pagarse el alquiler, a los diecinueve años empezó a trabajar como profesora de inglés en una academia.

«Entonces ya era consciente de que el inglés era una de mis fortalezas. Lo había aprendido entre una mezcla de clases extraescolares, películas e incluso a través de un noviete que tuve que era estadounidense. Así que estaba constantemente pensando: ¿qué más puedo hacer para sacarle dinero al hecho de que hablo este idioma? Incluso a día de hoy, cuando la gente me pregunta si alguna vez me fui de intercambio para tener el inglés que tengo, mi respuesta es siempre la misma: hablo el inglés que hablo porque dependí de él para ganar dinero».

Buscando más formas de monetizar su habilidad con el inglés, se le ocurrió explorar la traducción simultánea. Así que durante el siguiente año trabajó como profesora de inglés y estudió Traducción a la vez que lo compaginaba con su carrera universitaria a tiempo completo. Y, sin embargo, acabado ese curso de traducción se dio de bruces con un mercado laboral complicado y cerrado y no consiguió trabajo como traductora simultánea.

«Un día, un alumno me comentó que él trabajaba en una empresa de traducción para películas y me recomendó que hablara con el director. En ese entonces yo ya contaba con experiencia como profesora, formación de guía y formación como traductora, pero cuando conocí al director me dijo que, si no tenía una formación específica de doblaje, no podía hacer nada en esa empresa. Así que me metí a otra formación. Por suerte era de tres meses y, cuando la acabé, volví a enviarle mi CV a la empresa. Un mes más tarde me llegó un e-mail diciendo que me contrataban para traducir los subtítulos de la decimosegunda temporada de *Anatomía de Grey* y que tenía una semana para entregar el primer capítulo. A partir de ahí y durante el año y medio siguiente, mi vida consistía en ser traductora por las mañanas, profesora por las tardes y estudiante universitaria por las noches. De hecho, tuve que alargar un año mi carrera para llegar a todo, por lo que me la saqué en cinco años».

En ese último año de carrera, tuvo la posibilidad de explorar asignaturas de otros grados y se dio cuenta de que le llamaba la rama de empresariales. Y no solo eso, sino que tuvo claro que quería hacer un máster fuera de Brasil.

«Tras un mes explorando diferentes oportunidades, encontré el Instituto de Empresa (IE) de Madrid. Me llamó la atención porque, así como otras universidades te pedían haber estudiado una carrera específica para poder postular a sus másteres, el IE aseguraba que todos los perfiles eran bienvenidos. Así que me lancé a por ello y pocos meses más tarde me mudaba a Madrid para comenzar mi máster en Dirección de Empresas.

»Con el dinero me organicé de tres formas diferentes. Primero, ahorraba todo lo que podía. Después, pedí un préstamo para estudiantes de fuera de la Unión Europea. Y, finalmente, también busqué becas que redujeran el coste de los estudios. Me acabaron concediendo una que cubría el 20 % de la matrícula a cambio de asumir el rol de "embajadora de admisiones" del máster, el cual tenía por objetivo captar a nuevos estudiantes. Escribí diferentes artículos para el blog de IE, lo que me permitió mejorar mis habilidades escritas. También tuve que participar y ser la ponente de diferentes sesiones de información a estudiantes.

»Vamos, que más que una beca fueron unas prácticas encubiertas. Cómo se nota que son una escuela de negocios. *There's no such thing as a free lunch.*[40] Aunque debo decir que postulé a esa beca específicamente porque me apetecía y quería ganar experiencia extra».

Durante su máster, conoció a muchos otros estudiantes que estaban interesados en negocios digitales y empresas tecnológicas, y le contagiaron su interés.

«Adri, yo en ese entonces ¡no sabía ni que Google era una empresa! ¡Imagínate cuál era mi nivel de familiaridad con las *big tech*!».

Además, durante su tiempo en IE exprimió al máximo los servicios de asesoría profesional que ofrecían, asistiendo a numerosas charlas y sesiones de mejora de CV. De ellas, destaca cómo aprendió a usar su experiencia como profesora y su dominio de los idiomas para diferenciarse de sus compañeros de promoción.

40. «No hay nada gratis en esta vida»; literalmente: «Eso del almuerzo gratuito no existe».

«Todas estas conversaciones que ahora tenemos tú y yo sobre cómo diferenciar tu perfil, aprovechar nuestras competencias transferibles, saber vender nuestra experiencia e historia, etc., todo eso me lo enseñaron ellos en esas asesorías».

Arty llevaba unos meses buscando trabajo en España cuando, de repente, le llegó un mensaje a su bandeja de entrada de LinkedIn. Al abrirlo, se encontró con una propuesta de un mánager de LinkedIn desde Irlanda, donde se encontraba la sede europea de la empresa. Buscando perfiles que pudiesen encajar con su vacante, dicho mánager había contactado con el IE y el IE la había recomendado.

«Estaban buscando a alguien para el equipo de LinkedIn Learning, el producto de formación de LinkedIn, con el objetivo de abrir mercado en Brasil y Latinoamérica. Cuando dio con mi perfil, le llamó la atención que contaba con experiencia como profesora y tenía buen dominio del inglés, el español (el cual aprendí durante mi año en Madrid) y el portugués.[41] En ese entonces, llevaba ya unos meses comiéndome rechazos de empresas españolas por temas de visado y, como no quería perder de nuevo el tiempo, le comenté a la reclutadora que requería de patrocinio para poder trabajar en Irlanda. Me respondió que, si me daban el puesto, me patrocinarían el visado sin ningún problema».

Y ya os sabéis el resto: le formalizaron la oferta y, de nuevo, haría las maletas para mudarse a la isla esmeralda, donde nos conocimos unos meses más tarde.

«Aunque ahora trabajo en *tech*, no es que mi carrera y mis estudios anteriores hayan sido tiempo perdido. De ser guía turística y profesora, aprendí a ser menos tímida, a estar cómoda siendo el centro de atención y a hablar en público. De mi carrera y mi máster me llevo el pensamiento crítico, el interés

41. También habla un buen francés y se defiende en alemán, pero, como es demasiado humilde para incluirlo, ya lo hago yo por ella.

por los asuntos internacionales y el descubrimiento del mundo tecnológico. Todas estas habilidades que desarrollé me permitieron entender quién soy, saber qué les brindo a las empresas y posicionarme como una candidata fuerte en procesos de selección. Entendí que mi diversidad aporta, y siempre la llevo con orgullo».

Y cuantos más ejemplos nombro, más se me ocurren. Si es que lo que suena raro hoy en día es encontrar a alguien que quiera una carrera absolutamente lineal. ¿A cuántos de nuestra generación has oído decir: «Mi sueño es pasarme los siguientes veinticinco años de mi vida haciendo lo mismo en un mismo trabajo»?

La suerte que tenemos los jóvenes de ahora es que se nos han abierto un montón de opciones y caminos que nos permiten estar en constante exploración. Qué emocionante poder llevar una vida absolutamente creativa y qué aventura tan maravillosa es encontrar nuestra magia, descubrir quiénes somos y lanzarnos a perseguir aquello que de verdad nos llena por dentro. Y es que no hay sueño inalcanzable cuando estás armado de información, disciplina, y valentía.

TU FUTURO LO ELIGES TÚ.

¿Qué vas a hacer con ese privilegio?

Bibliografía

Alumnado matriculado en Ciclos Formativos de Grado Superior presencial por edad y sexo. <https://estadisticas.educacion.gob.es/EducaJaxiPx/Datos.htm?path=/no-universitaria/alumnado/matriculado/2021-2022-rd/gen-ciclos-fp/l0/&file=ciclos_4_06.px>. Ministerio de Educación, Formación Profesional y Deportes, 2022.

Datos y cifras del Sistema Universitario Español. <https://www.universidades.gob.es/wp-content/uploads/2023/04/DyC_2023_web_v2.pdf>. Ministerio de Universidades, 2023.

Nota de prensa, INE, *Decil de salarios del empleo principal. Encuesta de Población Activa (EPA)* <https://www.ine.es/prensa/epa_2022_d.pdf>. INE, 2023.

Observatorio de la Formación Profesional. *Población titulada en FP de 25 a 64 años en España.* <https://www.observatoriofp.com/indicadores-destacados/espana/poblacion-titulada-en-fp-de-25-a-64-anos>. Observatorio de la Formación Profesional, 2024.

Observatorio de la Formación Profesional. *Las 5 familias profesionales más demandadas en España.* <https://www.observatoriofp.com/indicadores-destacados/espana/las-5-familias-profesionales-mas-demandadas>. Observatorio de la Formación Profesional, 2024.

Pruebas de acceso a la universidad de los estudiantes de bachillerato. <https://public.tableau.com/app/profile/equiposiiu/viz/EBAU_22/Dashboard1>. Ministerio de Universidades, 2023.

Schwartz, B. *The Paradox of Choice: Why More Is Less.* Harper Perennial, 2004.

Agradecimientos

A mi tribu, que es mi mayor tesoro.

Comenzando por Pablo, mi marido y compañero de aventuras. Gracias por dejarme explotarte un poco en los capítulos que incluían números, datos y estadísticas (ya sabía yo que amortizaría algún día eso de casarme con un ingeniero). Y, sobre todo, gracias por ser siempre una fuente de paz (incluso cuando llego a casa con mi habitual energía caótica, tres cafés de más, muchas ideas en la cabeza y cero tiempo para ejecutarlas).

A Miki, mi hermano, quien siempre me apoya y siempre tiene palabras de ánimo, da igual en qué fregado me meta. Haces que ser tu hermana mayor sea el rol más bonito de todos.

A mis padres, a quienes he tenido el privilegio de tener como profesores y consejeros de vida. No importa cómo de adulta sea, sé que siempre puedo volver a casa.

A Cris, mi prima, por hacerme de hermana mayor y siempre darme alas. Hemos pasado de los casetes con cuentos de la infancia a notas de voz interminables; la forma ha cambiado, pero la esencia sigue intacta.

A Ramón Martí. Mis manitas menudas llamaban a tu puerta para compartir contigo mi amor por la literatura. Fuiste mi maestro en la escritura, y me hubiera encantado poder compartir la publicación de este libro contigo.

A mis amigas Alba, Anna, Arty, Cate, Iulia, Juli, Léa, Mariana, Naty, Paula, Sofía, Thamina y Yane, quienes continuamente ponen el listón muy alto. Vuestra fortaleza, vuestra férrea determinación, vuestro pensamiento estratégico, vuestra calidad humana... Qué fácil es admiraros a diario.

A mis amigos y equipo de Google, y en especial a aquellos que me impulsaron en mi proceso de creación de contenido y celebraron conmigo el día que renuncié porque eran muy conscientes de que me iba por perseguir un sueño.

A Marina, la primera en creer en mí como creadora de contenido, y a Selin, quien se embarcó también en esta aventura. Es gracias a vosotras que @adri.zip es mi trabajo, aparte de mi pasión. Gracias por todo el currazo que os pegáis tras bambalinas.

A «copas y penaltis». Quién hubiese dicho que unos meses en China darían para una vida de amistad sincera. Gracias por celebrar mis logros conmigo y por prestarme un colchón en tantos países.

A mis niñas del «club de lectura» (guiño guiño), Bea, Gigi, Jelen, Carlota y Tai, por impulsarme siempre en la escritura. Leísteis siempre los primeros borradores de mis novelas adolescentes; ahora tenéis un libro. Además, gracias, Bea, por ser mi psicóloga de confianza, ofrecerte a revisar mis explicaciones de neurociencia y corregirme los gambazos, y gracias, Gigi, por tus oportunos comentarios.

A los profesores que instauraron en mí tanta curiosidad y ganas de aprender, llevo siempre un poco de vuestras enseñanzas conmigo.

A mi editora, Lourdes, por plantar la semilla de este libro y por su acompañamiento constante, a Javi Miró, por su asesoramiento, y a Meritxell Terrón, por sus correcciones.

A todos los que me han confiado sus historias para formar parte tanto de este libro como de mis vídeos en redes. Es un honor escucharos y hacer de mensajera de vuestras palabras.

A los creadores de contenido que me han impulsado y guiado. Hacéis que esta profesión sea menos solitaria y sois una fuente constante de inspiración.

Y a Elizabeth Gilbert (quien no sabe ni que existo) por escribir *Big Magic*, el cual consigue poner en palabras todo lo que siento por la Creatividad y el Arte. Así, con mayúsculas. Gracias por el libro al que recurro cuando necesito reconectar con mi creatividad.

Y a ti, inconformista, que te has quedado a leer hasta la última línea de este libro.

Este libro se terminó de imprimir
en el mes de mayo de 2024.

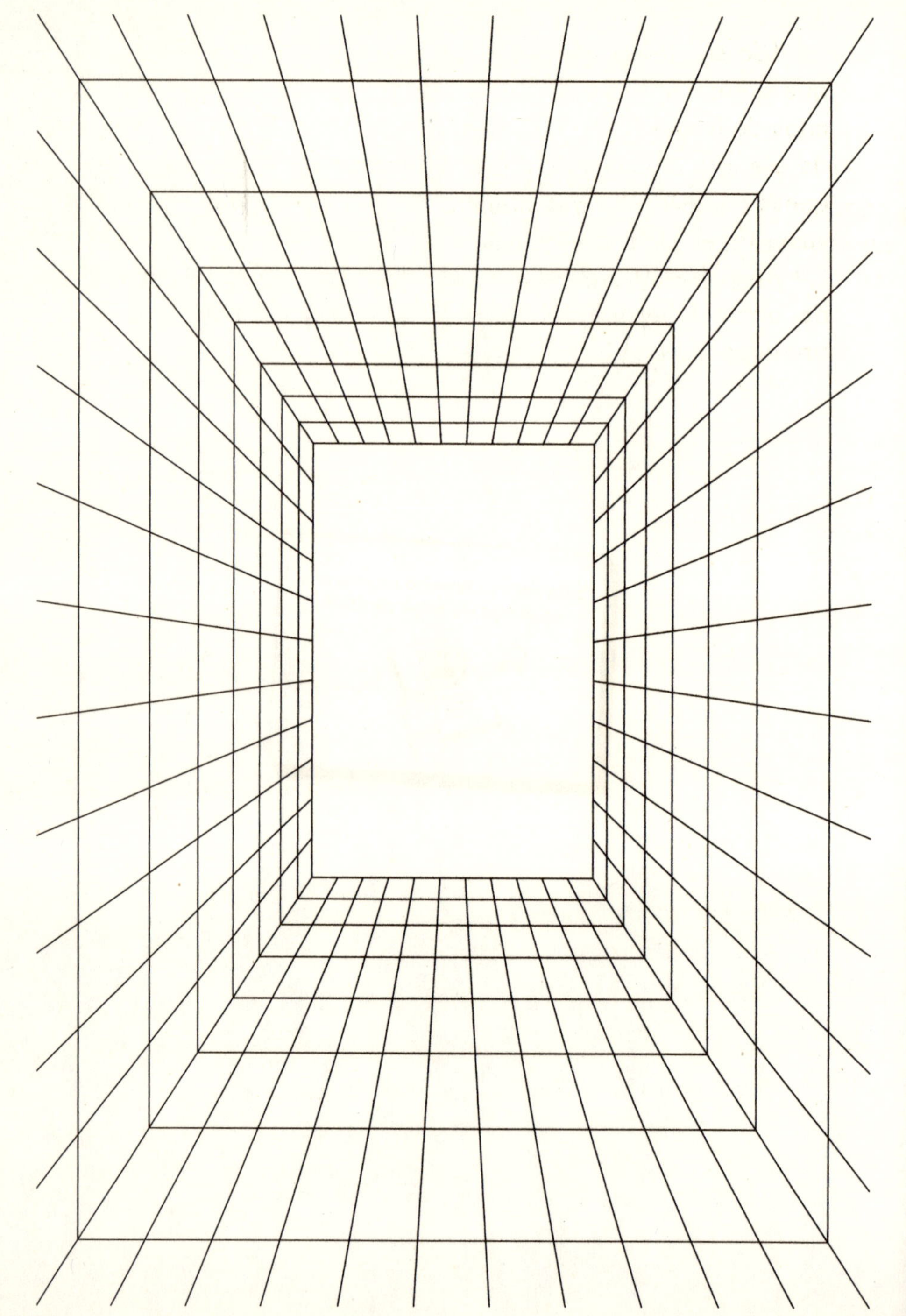